U-turn & I-turn

藏不住的咖啡香

29个远离尘嚣的咖啡馆故事

（日）旭屋出版《咖啡&餐厅》编辑部 主编
陈静 译

光明日报出版社

不要在场所上找借口，而是去追求可口的料理和绝妙的空间

在人口稀少的地方开店，到底有没有客人来呢？其实成功的例子有很多。

本书中，集中了成功人士开店的经历，并对即将开店的创业新秀

提出建议，想必你看了一定能得到启示。

要实现梦想，必须有明确的方向。

在未来的某一天，机会突然到访，要想实实在在地抓住，必须一步一个脚印地积累经验。

来吧，咱们出发吧！

Contents 目录

P010 01 日本冲绳县・U-turn（回老家）
咖啡箱庭 × 谷口薰

P016 02 日本长野县・I-turn（去乡下）
别所意式咖啡 × 星野杉仁

P022 03 日本石川县・一直在这个城市
弗拉蒂诺 × 中村惠

P028 第一章
喜欢出生长大的城镇
回老家开咖啡馆
鹤咖啡（日本北海道札幌市）
C-基础-咖啡（日本爱知县知多郡）
布鲁克（日本三重县四日市市）
本町一丁目咖啡（日本群马县前桥市）
咖啡安闲（日本岐阜县揖斐郡）
朝咖啡（日本福冈县北九州市）

P058 第二章
在魂牵梦绕的城市里
去乡下开咖啡馆
愉庵（日本栃木县宇都宫市）
森之宝伊宝伊（日本栃木县那须郡）
咖啡言灵（日本奈良县高市郡）
福咖啡（日本兵库县南淡路市）

P078 第三章
美景就是最好的招待
在独一无二的位置开店
丝音（日本爱知县知多市）
咖啡暗处（日本爱知县冈崎市）
咕嘟咕嘟舍（日本福冈县浮羽市）

P094 第四章
穿越时空的魅力
对旧民宿、古建筑的翻新
蔬菜咖啡巡（日本栃木县日光市）
咖啡分拣机（日本埼玉县日高市）
咖啡金丝桃（日本京都府京都市）
帕帕蕾蕾（日本福冈县福冈市）
蜂蜜纽扣（日本福冈县粕屋郡）

P120 第五章
从过去到未来
毫不犹豫地留在这个城市
诺夫（日本埼玉县埼玉市）
库塔库塔（日本埼玉县鸿巢市）
白色咖啡（日本三重县多气郡）
喝茶去（日本大阪府高槻市）
11号酒吧（日本和歌山县和歌山市）

P144 第六章
咖啡生意在乡下做更有趣
德光咖啡（日本北海道石狩市/札幌市）
锚咖啡&酒吧（日本宫城县气仙沼市/仙台市/日本岩手县一关市）
咖啡莫扎特（日本宫城县仙台市）

P152 第七章
得到启示的意见大集合
向开咖啡馆的前辈们讨教

4

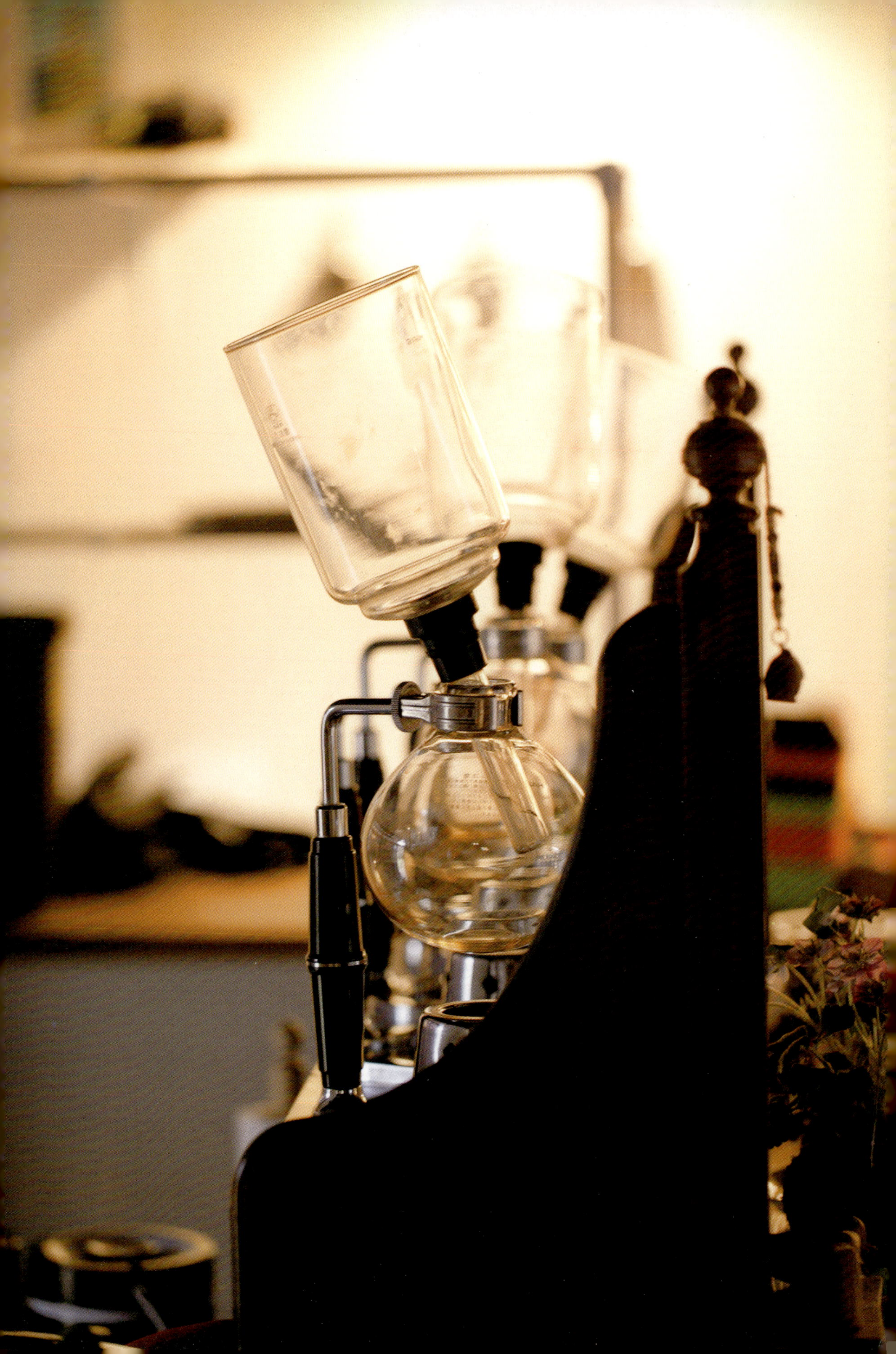

欢迎来到我的咖啡馆

■本书中的商品价格全部含税。

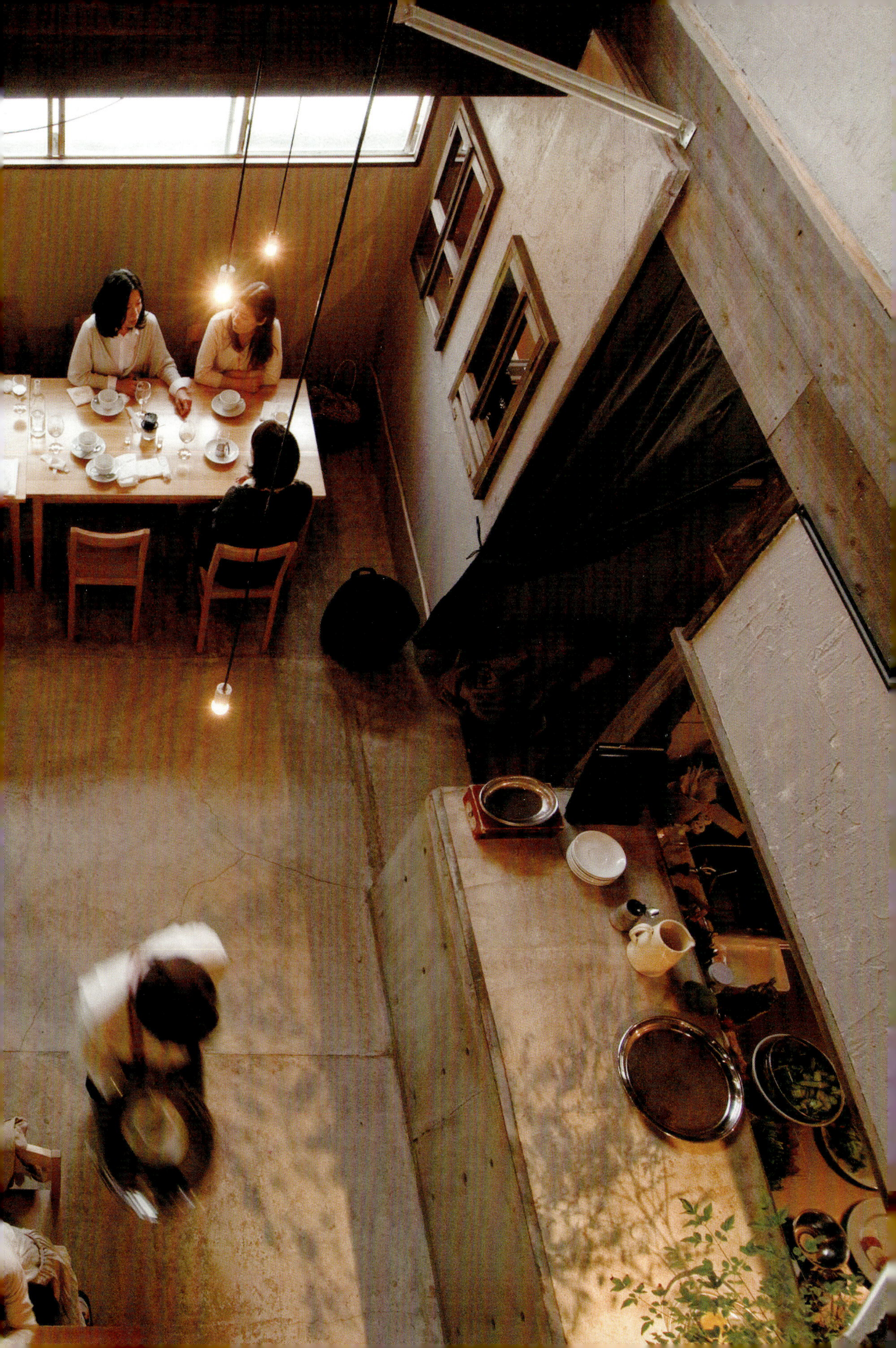

藏不住的

咖啡香

生活在大城市有大城市的乐趣。
开店不一定要在人多的地方，
还有别的选择。
例如，回到出生的地方，
或去喜欢的乡下，
或留在一直住的小镇，
现在就行动！
小小的风险，大大的梦想，
绚丽绽放！

首先介绍3家具有代表性的咖啡店

1 谷口薰 × 日本冲绳县 回老家类型 咖啡箱庭

2 星野杉仁 × 日本长野县 去乡下类型 别所意式咖啡

3 中村惠 × 日本石川县 一直在这个城镇 弗拉蒂诺

Cafe ハコニワ

咖啡箱庭

谷口薰

Profile（人物简介） 出生于日本恩纳村。在东京的咖啡馆工作数年后，回到家乡从事咖啡事业。与身为陶艺家的丈夫相遇结婚。谷口负责制作饭菜，丈夫负责制作陶艺，另外还有两位员工，以这样的体制运营。

FROM
日本冲绳
县国头郡

NOW
日本冲绳
县国头郡

cafe opening story
cafe opening story
cafe opening story
cafe opening story

在道路旁边放了个小小的招牌来指路。从这里钻过一个林木形成的隧道就到了店里。

启动资金：	约500万日元（约人民币25万元）
开业日期：	2008年11月15日
坪数·席位数：	20坪·17席（约66m²）
日均客流量：	40~50人
平均消费：	900日元（约人民币45元）
所在地：	日本冲绳县本部町字伊豆味2566
电话：	0980（47）6717
营业时间：	11点30分~17点30分（L.O.[①] 17点）
休息日：	周三、周四

丈夫做的陶瓷钵里装满水，做成漂花风格的装饰。

穿过森林小路找到理想的旧民宿

　　提到冲绳，印象中全是海，其实山的景色也不错。一直向北，不由得会被墨绿色的山所吸引。从日本那霸市中心驱车一个半小时左右就到达本部町伊豆味。"箱庭"就静静地伫立在大车道拐向小径的地方。建筑是保持着历史风貌的琉球旧民宿。

　　店主谷口薰回忆当时的情景说：

　　"最初是想定居在海边的旧民宿，于是就在我出生的恩纳村附近找房子。走了很多地方，觉得中意的房子都牵扯到佛龛问题。琉球的旧民宿建造的时候都带着佛龛，所以即使是没有人住的空房子也会因为带着佛龛而不能往外租借。"

　　"找到这家的时候，也考虑过会不会因为佛龛的问题而被拒绝，当知道之前住的人把佛龛一并搬走了，内心就很期待。结果电话交涉的时候还是被拒绝了，而且被拒绝了两次。于是我就开始写信，把自己想开成什么样的店的设想总结成了好几页报告书寄了过去。"

　　谷口经过一番周折，终于把理想的房子租到了手，而且房租超低价2万日元（约人民币1000元），同时享受了政府的创业支援制度，在装修方面自己能做的全部亲自动手，把初期费用控制在了最少。

---

① L.O.：最后受理订单的时间。

所有的席位都安排在了窗边，能让顾客一边欣赏外面的风景，一边享受咖啡与美食。

抬头能看到露在外面的屋梁。清爽惬意的风穿堂而过，给炎热的冲绳民宿带来凉意。

丈夫谷口室生于日本名护（地名），是"室生窑"的核心人物。作品魅力在于将冲绳的传统工艺与现代相结合。

"从木工那学习了很多，例如打钉、涂硅藻泥之类，非常有意思，以至于想着把这当做工作（糊口的营生）去做！"

做饭的人和做餐具的人的相逢

"丈夫做的瓷器除了在店里当做餐具使用之外，还可以出售。大钵中装满水，放在店外当做装饰；也可以做成冷却用的水壶

等，丈夫的作品在店内发挥得淋漓尽致。而且，客人们总是会向我反映'想要个更深的盘子'，或是'下次盘子能不能做得更大一些'等，我们会根据这些意见进行改造，因此店里全是好用的盘子。"确实，用完餐的客人们，在仔细地鉴定餐具之后经常会购买。

"我丈夫是在读谷村学习的冲绳烧制。在他想独立出来自成一家的时候，我们相遇了。"

2008年咖啡馆开业，虽是"识者自知"的小店，但渐渐地成长为一家游客也会特意从老远过来的人气店。餐盘中装的午餐和甜点等漂亮的饭菜让人流连忘返。爱惜食材、让人生丰富多彩的地方就在这里——南国。

"本日箱庭餐盘"（带饮品）900日元（约人民币45元）
有红薯沙拉、苦瓜和粉丝的凉拌菜、意大利酥仔肉[2]等，内容丰富。

"香蕉摩卡冷饮"500日元（约人民币25元），巧克力酱和香蕉的甜以底部的苦咖啡收尾。

---
② 意大利酥仔肉：将切薄的肉片裹上面衣或蛋液后用油煎熟的意大利菜肴。

今日特供蛋糕"红茶雪纺蛋糕"单品400日元（约人民币20元），配饮料700日元（约人民币35元）。
饮料有咖啡、红茶（冰/热）可选。

星野杉仁

Profile（人物简介）曾在日本轻井泽的一家叫"泽村"的面包店兼餐厅中工作。曾策划过日本东京新丸大厦咖啡馆的开张，后来移居到祖父母居住的别所温泉。

FROM
日本神奈川县横滨市

NOW
日本长野县上田市

cafe opening story
cafe opening story
cafe opening story
cafe opening story

別所エスプレッソ

别所意式咖啡

从咖啡馆出发，途径北向观音，到达别所温泉的繁华地带只需10分钟的路程，这是感受温泉情趣的绝佳路线。

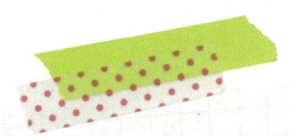

启动资金：	约50万日元（约人民币2.5万元）
开业日期：	2011年4月1日
坪数·席位数：	6坪·10席（约20m²）
平均消费：	600日元（约人民币30元）
日均客流量：	30人
所在地：	日本长野县上田市别所温泉208-1
电话：	0268（75）5478
营业时间：	9点~12点、14点~17点 周六、周日、国家法定节假日9点~17点 ※咖啡豆用完即停止营业
休息日：	周二下午~周三（如果为国家法定节假日则正常营业）

在祖父母居住的别所温泉开创咖啡馆

用于快递的橙色自行车是一个显著的标志。LOGO（标志）是店主自己设计的，是八角三重塔的样子。

　　这里是有日本信州镰仓之称的长野县别所温泉。温泉街保留了古代男女共浴的浴场，拥有国宝和文化财产的寺院在城市中零星可见。从东京到这里的交通方便，一到周末，温泉旅馆就特别热闹。

　　在这么悠闲的温泉街有位开意式咖啡馆的人，那就是"别所意式咖啡"的星野杉仁。他曾在日本轻井泽一家叫"泽村"的面包馆兼餐厅中工作，负责咖啡品牌的启动和策划。

　　"在了解咖啡的过程中，便有了凭一己之力从零开始的想法。"星野如是说。

　　那么，在哪开馆呢？在考虑这个问题的时候，我想到了"从乡下开始"，因此，把目标定在了祖父母居住的别所温泉。星野继承了爷爷开土特产馆的房子，自费装修，开创了这家咖啡馆。

　　"虽然跟这边有亲缘关系，但父母亲都是关东人，所以我这也算是'下乡'。但是，我对别所温泉有着特殊的感情，看着它一年年萧条下去就特别想做点什么！这种心情越来越强烈。"

　　房子是细长的联排房，星野开的咖啡馆的隔壁的隔壁是妈妈的茶馆（不定期经营）。星野先来到这里，妈妈也紧接着成了这个城镇的人。不管是星野还是妈妈，都在这个城镇以自己喜欢的方式生活和工作着。

　　星野的店专营意式咖啡。咖啡豆是用备长炭[3]烘焙的。

---

[3] "备长炭"是采用坚硬的乌冈木、青冈木和毛竹及日本传统的烧炭技术和工艺烧制而成的高级炭制品，日本贯称"备长炭"。

对于这种新式的风格,这个城镇里的人评价如何呢?

把意式咖啡文化扎根于温泉街,对外宣传

"实际上,我感觉意式系列的咖啡文化还没有发展起来。因为在乡下一直以来都是进了咖啡厅,菜单看都不看就直接点'混合'或'热咖啡'之类的。但这个地方的水质很好,能够冲泡出特别好喝的咖啡。而且,卡布奇诺中的牛奶,选用的是当地信州产的,也非常美味。"星野笑着说。

"好不容易来一趟,一定要逛逛这个城镇不错的地方。"星野买了观光地图,值得一看的地方真是满满当当,北向观音、古温泉街、安乐寺……距离都不算远,而且比较集中,非常适合徒步观光。

"最后有个特别想带你去的地方。"星野带着我们离开了温泉街,到了一个位于河边的

与"别所古玩店"的店主畅谈中的星野。咖啡馆里的一部分器皿和室内陈设是在这里买的。

展示柜陈列了开店时朋友送的一些旧家具。保留了土特产店时的地板瓷砖。

炭炉里放上备长炭，开火进行咖啡豆的烘焙。火候大小全凭经验掌握。

小屋。

　　房屋破烂不堪，从中走出一位眼睛非常明澈的青年。周围全是品味很高的古董，营造了一种神秘的氛围。

　　"30岁左右的年轻人来这里，要么务农，要么就像这位有艺术家气质的店主一样开店，能够感受到这个城镇跟以前不一样了。温泉和意式浓缩咖啡，这就是我的梦想。"

"意式浓缩咖啡"S380日元（约人民币19元）W430日元（约人民币22元）。使用的咖啡豆品牌一日一换。图片中的咖啡是以北向观音为印象创作的"KITAMUKI"。

"日日新混合咖啡"480日元（约人民币24元）
意式浓缩咖啡加水稀释。使用弗氏压碎器冲泡的纯咖啡，500日元（约人民币25元）。

"爵士（Jazzy）"600日元（约人民币30元）
巧克力碎冰块与刨冰混合，又加入了意式浓缩咖啡而成的原味甜品（夏季特供）。

"意式浓缩果冻"560日元（约人民币28元）
图片这种带冰激凌球的需另加80日元（约人民币4元）。咖啡的极苦与冰激凌的甘甜成为绝配。

"黑蜂蜜玛奇朵"600日元（约人民币30元）
拉花用的黑蜂蜜是自家酿制的，口味醇厚。

※如果商品需要外带，立减50日元（约人民币3元）。

Fratino

弗拉蒂诺

中村 惠

Profile（人物简介）一边做护理工作一边做家庭主妇，做饭的过程中发现了其中乐趣，于是下决心开创咖啡馆。丈夫原本是轮岛漆器④的手工艺人，也有经营画廊等的经验。运用自己独特的审美眼光，亲手操办店内装修。

FROM 日本石川县七尾市
NOW 日本石川县金泽市

cafe opening story
cafe opening story
cafe opening story
cafe opening story

---
④ 轮岛漆器：在日本石川县轮岛市生产的漆器。

穿过门，就有漂亮的木质地板通道展现在眼前。大大的窗子，金灿灿的阳光洒了一地。

启动资金： 约600万日元（约人民币30万元）
开业日期： 2012年10月11日
坪数·席位数： 20坪·28席（约66m²）
平均消费： 每人1200~2000日元（人民币60~100元）
日均客流量： 30~60人
所在地： 日本石川县金泽市站西本町1-304
电话： 076（207）4509
营业时间： 11点30分~15点
（L.O.14点30分）
18点~L.O.20点
（周五、周六L.O.21点）
休息日： 周一、周二

老板在开创这家店的时候就考虑到必须有停车位。现在能确保13辆车同时停留，受到了从远方开车而来的客人好评。

自己动手进行改造，成功打造独特空间

老板娘在之前的十年间曾一边当着家庭主妇，一边从事看护方面的工作，丈夫原本是轮岛漆器的手工艺人，加上女儿一共三个人在店里工作。简餐出自老板娘中村惠之手，内部装修一手交给丈夫繁和处理，咖啡则由女儿梓乃制作。

走进店铺，唯美的走廊让人眼前一亮。天然木材的纹理，白色的主基调，文艺又不失现代感，随处摆放的精美雅致的器皿成为一大亮点。

"这间房子原本是丈夫的家产，曾作为店铺租赁给美容店和拉面馆。但不管哪种商铺都不能长久，于是我就有了在这里开个咖啡馆的想法。"店主惠如是说。

人们常说"古都金泽"，都认为会有很多客人到访，但实际上观光客极少光临我们店周围。虽然是个非常有人气的观光城市，但有着各种不利因素。

"实话实说，当初真的认为这不算是个适合开店的地方。虽然离着金泽站不远，但周围全是加盟店。区域与顾客阶层上似乎都有不协调的地方。带着这些烦恼还是经营起了这家店。这座房子最初是量贩式面包店，在租户手里房子一变再变，最后是拉面馆。如果从拉面馆改装成咖啡馆，我觉得不会花太多钱。但实际上，我们花了很多时间粉刷、装修、开业，打造成了一个与店铺装修专业人士想法迥异、别有一番情趣的空间。"

家具以白色为基调配置，一律是自然清新的印象。墙壁的灰泥是自己动手涂刷的，减少了前期的费用。

店里设置了长桌以便招待单人顾客。墙上做了开放区域，摆放陶瓷、玻璃等器皿。

嵌入式仿古餐具架上，陈列着咖啡壶等陶器。

以当地食材制作的料理取胜

老板娘最开始的时候也很担心没有客人光顾，店铺从2012年10月开业以来渐渐地受到了欢迎。现在甚至会有不少人特意从外地赶来，因此，在料理方面就要格外用心。

"一般的餐厅会优先考虑成本，但我们是家庭经营的个体小店，就要努力打造跟别家店的不同之处。现在的人们已经对不知道食材、不了解烹饪者的用餐情况习以为常，

但我们有意识地考虑到季节的更替，加入了季节菜单和一周一换的菜单。另外，尽最大所能在手工制作上下功夫，提供当地应季的蔬菜。"这是惠女士坚定不移的理念，这远远超过了"咖啡简餐"的范畴。顾客给予了很高的评价——不仅是味道，就连分量也做到了无可挑剔。

咖啡是由女儿梓乃来冲泡。梓乃冲咖啡的技术是在西餐厅修学时掌握的，手工滴落式咖啡的手艺值得信赖，认真的工作态度也引人关注。另外，同咖啡一样，餐具也十分考究。

"我们跟陶瓷艺者有来往，店里摆放的陶瓷器都可以出售，虽然价格有点高，但我们想让顾客亲身感受一下与料理交相辉映的艺术氛围。"

现在还比较冷清的日本金泽站的后方区域，最近就要开通北陆新干线，今后的发展值得期待，弗拉蒂诺也会越来越忙碌吧！

"特色柠檬香草猪排骨"1000日元（约人民币50元）
午餐时段配有玄米饭、沙拉、清汤及甜点。饭量满分。

夏日新作"酸奶猕猴桃冰沙"400日元（约人民币20元）
由于使用了混合鲜奶油，味道醇厚。

"混合咖啡"400日元（约人民币20元）
普通基础咖啡中加入了托拉雅（Toraja）混合而成。深度烘焙适合与甜点搭配。

"王牌蒜蓉三文鱼 塔塔酱和柠檬黄油酱"1100日元（约人民币55元）
配上蔬菜的华丽装盘。餐具也是经过严格挑选的。

梓乃的经验是在意式餐厅打工等工作中学习积累的。滴落式咖啡技术是在专业学校学习的。

第一章
喜欢出生长大的城镇
回老家开咖啡馆

有从小就认识的老朋友，
城镇的规模和情况也了如指掌。
为了向养育自己的城镇报恩，
咱们回到出生的地方吧！

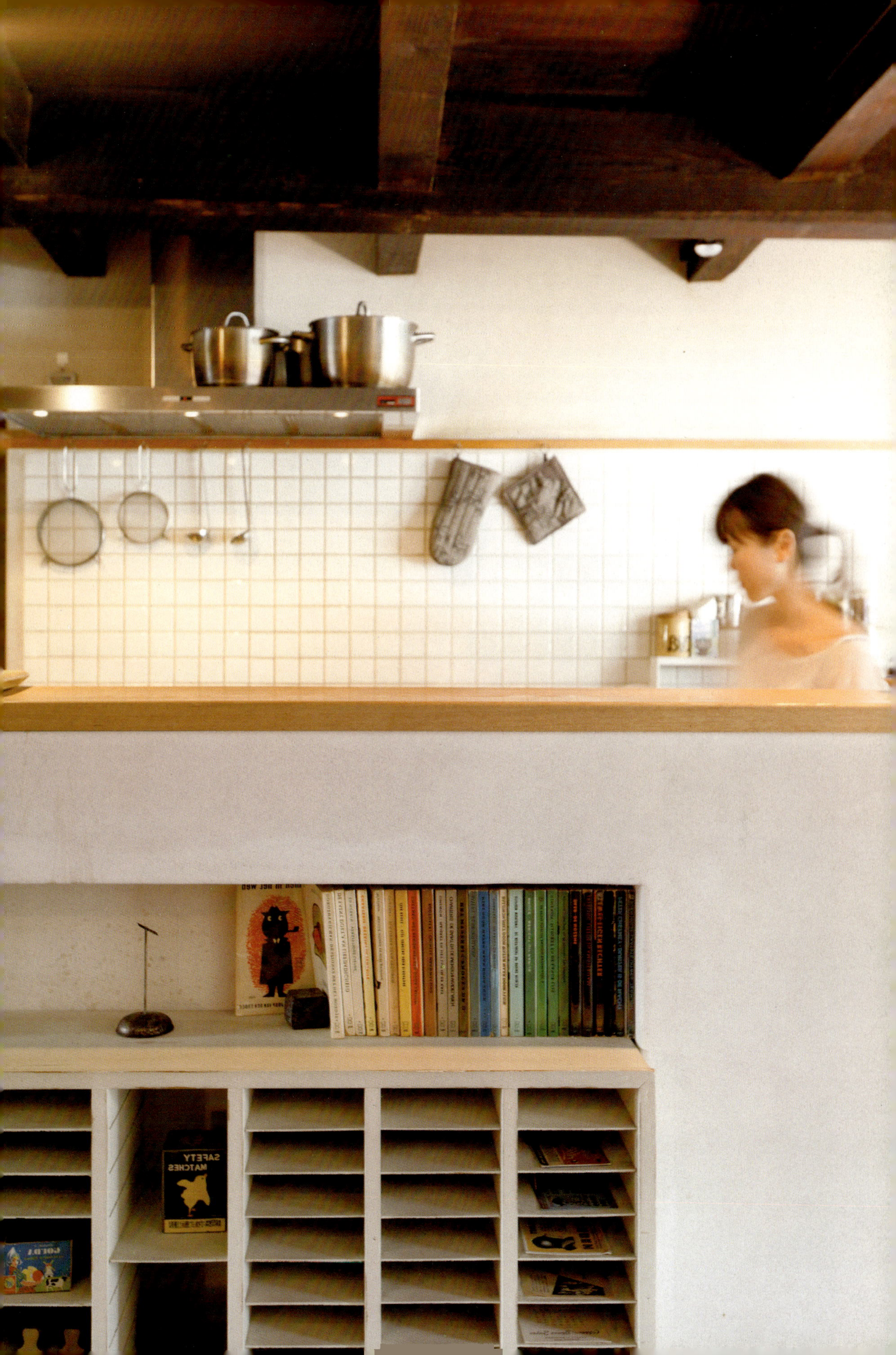
SAFETY
MATCHES

TSURU CAFÉ

鹤咖啡

地道的法国传统点心和熟食皆由北海道食材制作

> 作为西餐厨师的丈夫负责熟食，我负责甜点，我们在修学的地方认识，在丈夫的老家开业。

FROM
日本北海道（浩行）
日本静冈县（绫子）
NOW
日本北海道札幌市

cafe opening story
cafe opening story
cafe opening story
cafe opening story

鹤岗夫妇

Profile（人物简介） 店主甜点师鹤岗绫子和担任熟食方面的大厨浩行夫妇。两人都是学习甜点制作的，在东京修学时认识，2012年结婚。2014年在浩行的老家北海道开创咖啡馆。

1 门的把手是金色的，做成了鹤的形状，与店的名字对应。
2 店内以白色为主基调，简洁又不失温馨。墙壁上展示的帽子是店主母亲手工制作的，也可出售。

东京相遇的两人在札幌实现梦想

　　开业日是2014年2月6日，是"鹤之日"。我们的目标是开一家能够同时品尝到各式法国点心、长条三明治和洛林蛋糕的店。我是店主兼甜点师，日本静冈县出生，和负责熟食的丈夫在2012年结婚，又回到了他的老家北海道开业。

　　我们7年前在日本东京修学的地方相遇，两人描绘了共同的梦想："未来的某一天开一家店"，于是移居到札幌。在前辈店里工作的过程中，想自己独立开店的心情越来越强烈。

　　开店的理念是建立一个能够轻松享受法国饮食文化的空间。"我们虽然在关西、静冈、札幌的高级餐厅进行了学习，但考虑着如果自己开店，亲切感是第一位的，想制造一种舒适

启动资金：	1400万日元（约人民币70万元）
开业日期：	2014年2月6日
坪数・席位数：	15坪・13席（约50m²）
日均客流量：	60组
平均消费：	每人1200日元（约人民币60元）
所在地：	日本北海道札幌市中央区宫之森2条5丁目2-8 1F
电话：	011(631)2626
营业时间：	10点~20点（周日、国家法定节假日至19点）
休息日：	周三

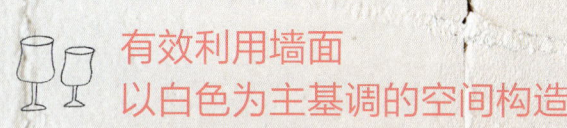

有效利用墙面
以白色为主基调的空间构造

的生活氛围。"

　　当初没有做成只卖法式蛋糕的店而是咖啡馆，是因为咖啡馆能直接看到客人的表情和反应。我从高中时代就喜欢做点心，当我把点心端给客人，看到对方能够很开心地品尝时，就会成为一种鼓励。所以，就决定了设一个店内食用的空间。

　　店铺设计委托给了日本札幌的五十岚YUSUKE设计室。这不是朋友介绍的，而是我们两个人搜索访问札幌建筑事务所首页时发现的。"设计师都是跟我们年龄差不多的人，我们直接找上门去咨询，感觉他们能够把我们的想法给具体化。"鹤岗出于这种考虑而决定委托给五十岚YUSUKE设计。

传统点心和能感知四季的点心

找房子的条件是离地铁站近，这个地区的人能顺道过来，但没想到进展困难。毫无妥协地转了几十家，大概花费了8个月的时间。当找到现在这所房子的时候，不管是我们俩还是设计师，都觉得："啊，就是这里了！"

内部装修的主基调是以"鲜奶油"为印象的白色。墙壁的一部分以及厕所内等几处是"海绵蛋糕"的颜色。店里还放置了手绘菜单和插图的黑板及装苹果的木箱子等。我们的宗旨是简洁明快，但为了不给客人带来无机质的印象而动了很多脑筋。"鹤之墙"是我们的特色。

陈列在橱窗里的甜品，以我喜欢的法国传统点心"欧培拉（Opera）"、"沙瓦琳（Savarin）"等为主。另外，还有店内招牌商品"鹤（TSURU）"等独创的数十种蛋糕、一日一换烤点心等。我们店的特点就是为了突出北海道产小麦粉的风味，烧烤成色会偏重一些。另外，通过使用当地出产的水果，突出这是"能够感知四季的点心"。

熟食由丈夫负责，菜单为法国三明治、洛林蛋糕、长棍三明治等法式咖啡中的固定菜品。这些商品拼在一起实行预约制的派对套餐也颇受好评。将来可能会尝试一下小菜的称量出售。

3 咖啡口味的黄油和巧克力奶油叠层的"欧培拉"480日元（约人民币24元），上面放有草莓的"果子挞"480日元（约人民币24元），使用北海道产的小麦做出的法国点心漂亮地陈列在橱窗里。随着季节的更替变换内容。

4 略带苦味的牛奶糖和意式浓缩奶油组合制作出的最有人气特色商品"TSUTU"450日元（约人民币23元），及蛋白酥皮中加入足量的北海道产鲜奶油制作出的口感松脆的法国传统馅饼。

5 切片面包加入火腿、芝士与白汁沙司做成的三明治上敷一个热煎鸡蛋的"法式三明治（croque-madame）"450日元（约人民币23元），以及原味混合咖啡"鹤混合咖啡"480日元（约人民币24元）。另外，店内还销售火腿干酪热三明治（croque-monsieur）和各种猪油火腿蛋糕。

6 量大充足的长面包三明治里包括"西班牙火腿干酪三明治"、"土豆培根三明治"及"烟熏三文鱼奶油芝士三明治"之内的传统菜单和季节菜单总共5种左右，各450~550日元（人民币23~28元）。

❺

❻

第一章　回老家开咖啡馆

7 使用咖啡馆里的印象色彩——白色制作的咖啡馆宣传卡。代表鹤岗夫妻的两只鹤作为主题图案。

8 在店里，杂志的收纳箱和常春藤的花盆都是使用的苹果箱。不起眼的室内陈设都能感受到较高的品味。

9 其中一面墙上镶了很大的黑板，上面有员工对各种点心的绘图解说及手绘饮料菜单等。为了制造温暖的氛围，在灯光方面也进行了周全的考量。

10 咖啡区域和厨房的隔断墙上，散落凿开几个四方形的小洞。断面及内侧都没有涂白色油漆，保持了木头的原色，据说是以涂鲜奶油之前的海绵蛋糕为印象设计的。

简洁雅致的店内空间

C-base-cafe

C-基础-咖啡

以4个C为核心的店铺设计
戚风蛋糕以在线销售的形式进行宣传

> 能够边带孩子边就餐的餐厅很少，对于带孩子的家庭来说很不方便。我们的目标就是开一家这种餐厅。

FROM 日本爱知县知多郡（直树、真希）
NOW 日本爱知县知多郡

cafe opening story
cafe opening story
cafe opening story
cafe opening story

久田夫妇

Profile（人物简介） 右为夫人真希。因为缘分在这个地方相遇，2010年夫妻共同开创了这家咖啡馆。两人都是当地出生，店里直树负责烹饪，真希负责饮品及大厅接待。

1 以C打头的店名里包含了各种意义，这个招牌也是直树亲手制作的。
2 之前用做厨房的空间现在改造成了儿童游乐室。考虑到安全性做成了矮桌配座垫的日式房间形式，口碑很好，有很多从名古屋带着孩子远道而来的客人。

第一章 回老家开咖啡馆 5

把广泛浅显的经验活用在菜单制作上

有要开咖啡馆的意识，是因为大学时代在咖啡馆里打过工。东京给人淡漠的印象，但我在与常客接触的过程中，渐渐开始寒暄、闲聊，当时就想如果有这种能畅谈的咖啡馆那该多有意思。之后，在法式餐厅、民族特色餐厅、居酒屋等地打工积累了经验。当时觉得跟十几岁就开始在专业学校里学习料理的人相比，我们开始的时间有点迟，但我下定决心要通过这些广泛浅显的经验掌握属于自己的技术。午饭中大量使用十六谷米和蔬菜，是量少种类多的健康饮食。另外，之前的经验也让我成功地做出了正宗的泰国辣咖喱饭等菜式。

35

重视幽静又温暖的空间感

甜品上添加的水果，经过了细致的刀工处理，在摆放上也是精心调整。

在打工修学过程中，曾当过料理长兼店长，最大的收获是学会了作为经营者在用人方面的经验。营业时，我的主要职责是在厨房里烹饪，接待客人的工作就委托给妻子和其他员工。建立牢固的信赖关系，相互之间实现思想上的沟通是很重要的。

我们的目标是创造自然的安谧感以及温暖的氛围。因为就算食物再美味，员工不招人喜欢，客人也是不会来的。"想去某某某他们家开的店"——我觉得能得到客人这样的认可是非常重要的。

店名"c-base"是从Comfortable（舒适）、Coffee（咖啡）、Chiffon cake（戚风蛋糕）、Children（孩子）这4个词中取首字母而成的。

开业之前，在当地寻找房子的时候，对这个新型住宅中100坪（约330m²）的大空间特别中意。我们也请了喜欢DIY（创意手工）的房东帮忙。我们几乎是从空地皮状态开始动工，甚至连规划图都是自己制作的。店内布置以舒适轻松为目标，坐席主要以沙发为主，摆放得相当宽松。另外院子里的树和花的管理也花了很多心思。

咖啡方面，我们接触到了日本名古屋有名的烘焙师川上敦久，直接与他交涉谈判。品牌是"MC咖啡"。虽然比较费时费力，但还是

启动资金：	约500万日元（约人民币25万元）
开业日期：	2010年5月10日
坪数·席位数：	100坪·36席（约330m²）
日均客流量：	30人
平均消费：	1100日元（约人民币55元）
所在地：	日本爱知县知多郡东浦町绪川东米田16-32
电话：	0562（85）3798
营业时间：	11点~17点（L.O.16点30分）
休息日：	周一

使用手工滴落的方式提取咖啡。

咖啡时段最有人气的商品是戚风蛋糕。不添加泡打粉和色拉油，使用当地产的新鲜鸡蛋也能烤制出口感润滑的蛋糕。

另外，针对不能经常带孩子外出就餐的客人们专门设计了儿童房。安全的日式房样式，单独隔开再加上免费使用，这方面得到了很高的评价，有时候提前好几个月就预定满了。

由于是第一次经营咖啡馆，自从开业以来经历了很多次变化。当初与正房分离的厨房移到了正房里，原因是我们重新规划了移动路线，以提高工作效率。增加了咖啡空间的多样性，对于腰部不太舒服的客人还设置了高椅，甚至准备了可以放置狗狗的空间。

因为儿童房的需求量特别大，也考虑过作为今后的长期计划，把整个店都弄成儿童咖啡厅。单纯靠卖咖啡是有限度的，于是我就考虑如何提高附带产品的销售量，以此作为咖啡馆持续经营的钥匙，在这一个环节上，考虑到了戚风蛋糕的在线销售。客人是否外出就餐容易受到天气影响，考虑到这一点，如果在线销售成功，预计会有比较稳定的销售额。而且，我认为使用当地食材这一点会成为非常有力的宣传点。

引入在线销售，加大宣传力度

3 全席配置沙发的主客席空间。坐上去能够放松全身，而且视线较低使得空间看起来更宽敞。

4 咖啡时段的主菜单有"自制戚风蛋糕"单品530日元（约人民币27元）和"日本传统法绒布萃取咖啡"单品480日元（约人民币24元），套餐价900日元（约人民币45元）。戚风蛋糕使用刚刚产下的新鲜鸡蛋，不使用泡打粉等膨胀剂也能实现松软口感。不使用色拉油的健康性也是一大卖点。

5 邻居是非常讲究的养鸡户，使用他们家的"褒奖鸡蛋"做成的"褒奖鸡蛋青蛙妹妹布丁"300日元（约人民币15元），外带380日元（约人民币19元）。天然鸡蛋带来的温和甜味与奶油般的舌尖感受，使得这款产品成为与戚风蛋糕同等的第一人气商品。"褒奖鸡蛋"也在店内销售，一盒6个300日元（约人民币15元）。

6 午餐菜单中的"十六谷米与当季蔬菜套餐"1100日元（约人民币55元），当时考虑的是，如果做像牛肉饼午餐套餐这种一般家庭餐厅就能吃得到的料理，在价格和分量的方面可能会输给其他餐厅，因此突出大量使用当地产的当季食材这一特点。

带有狗狗活动区的330m²超大空间

7 从停车场到咖啡馆内所有地方都设置了斜坡,方便使用婴儿车或轮椅的客人。

8 花园里的花及各种植物都生长茂密,凉台做成了特等席,旁边是狗狗的活动区,对于客人来说是个很好的休息场所。

9 咖啡提供由"MC咖啡"做成的4种常见饮品,使用日本传统法绒布方法萃取。不仅味道与滤纸冲泡出来的咖啡不同,而且不会产生用完就扔的滤纸,环保方面的考虑也是采用这一方法的决定因素。

10 之前在咖啡馆附近有一家工坊叫"WORKSHOP JAM"(位于日本爱知县濑户市),与工坊夫妇交流比较多,主营吹制玻璃与陶制品,图片为该工坊生产的玻璃灯罩。独特的形状给空间增添了亮点。

Brook
布鲁克

引导员工发挥个人价值
宣传当地生产的木材的魅力

> 最开始不是把所有的事情都做到尽善尽美，而是把店内的核心产品整理好！

FROM 日本三重县龟山市
NOW 日本三重县四日市市

cafe opening story
cafe opening story
cafe opening story
cafe opening story

坂 丈哉

Profile（人物简介） 在店内主要负责定做家具的销售接单。"最开始不是把所有的事情都做到尽善尽美，而是先把核心产品整理好，再一点点地增加，使之变得充实。"

1 店名"Brook"取自"小河"的意义。店主认为要开店的话就要离开老家日本龟山市，选择在三重县人口最多的四日市市内开店。

2 室内装饰和杂货销售区。店内弥散着天然木材的香气，仿佛漫步在森林里。

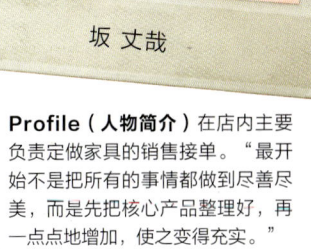

连接未来衣食住的整体提案

　　我们的咖啡馆以家具、杂货、饮食为三大支柱。以前在东京从事其他工作，但老家木材厂的一次火灾成为我回三重县的原因，从那开始目光转向了地域性木材的开发。

　　时隔好久没有回来，发现小时候玩的河里没有水了，问了一下才知道，乱砍乱伐，树木不能保护土地，山上就不会有地下水，河里的水也会减少。我想如果销售木材，就要建造森林，进而产生干净的水和空气。随着深入听取，自己也想为激活低迷的当地木材产业贡献一份力量。

　　于是，2006年时对木材厂的仓库进行了改造，在三重县龟山市建立一家室内装修&杂货店"Knotty House Living"。2011年又加了咖啡一项，在日本四日市市开创了

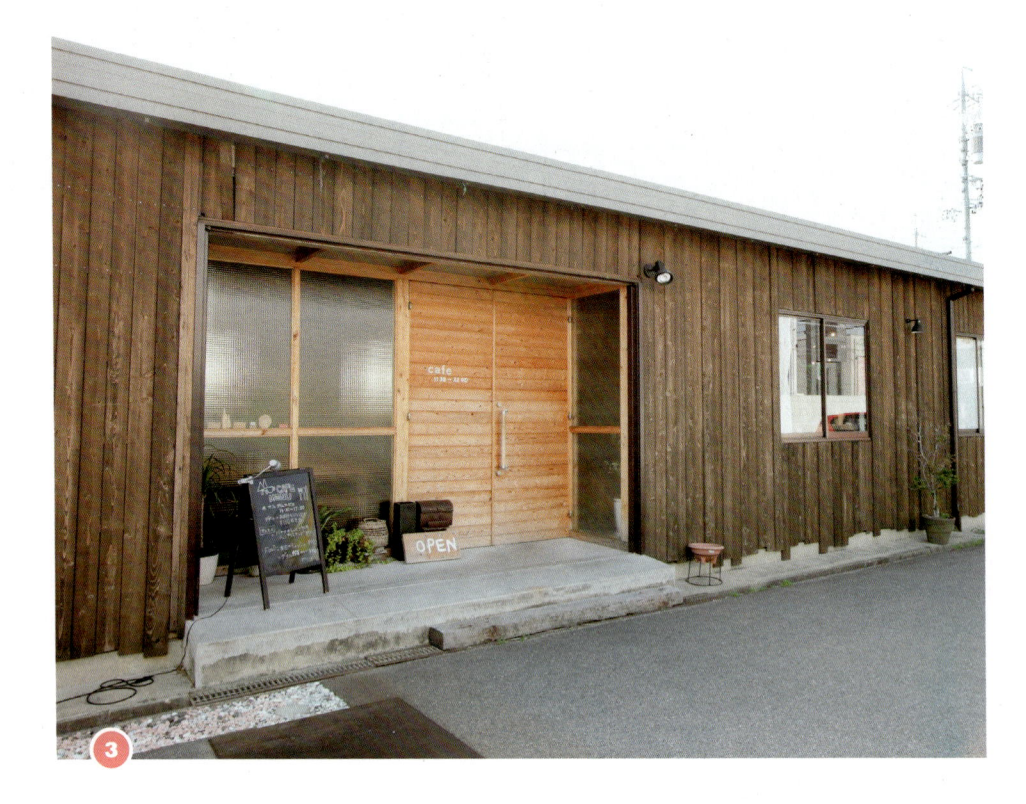

培养员工的诀窍在于创造有工作价值的环境

"BROOK",经营主题是"连接未来的店"。店铺的主要商品是使用当地木材的订单家具,同时这家店也在销售出自三重县陶艺家、厂商之手的杂货、器皿,还有以自己家产的大米和四日市市产的鸡蛋为主,选用当地食材制作的咖啡菜单。

内部装修大量使用了木材。客人在等餐的时间可以自由观看销售空间。另外,在售的桌子、椅子、餐具等喝咖啡的时候也会使用到,能真正体验到实际使用的感受,能够相互提高各自的魅力。

当时我一点儿餐饮方面的经验都没有,咖啡这一块就交给了一位曾在西餐厅就职的朋友,但这位朋友不到两个月就辞职了,剩我一个人,家具销售方面就顾及不上了,销售额自然下降。

为了重整旗鼓,就把咖啡这块业务完全托付给有经验又有工作热情的员工,同时制作了一套单独一个人能负责从点菜到上菜所有过程的应对手册。另外像牛肉饼、咖喱等材料事先进货,若有人点餐,能够立刻用烤箱完成。我在各个方面都花了一些心思。

对于常常要变换食材的意面,把供货变成了基础,对其进行了多次改良。我不是单方面地给员工布置工作,而是重视员工共同完成。杂货部门也一样,对于有干劲、有共同理念的员工,只要在预算范围内,就可以把进货工作交给他们。像这样除我之外全是兼职人员的门店里,我们算是比较特殊的。

因为我们有家具、杂货、咖啡三个部门,最大程度地把工作托付给员工,且员工能否带着责任感去工作,这成为了关键点。一般情况

3 入口是按通往商店和通往咖啡馆分开设计的，但是建筑物里面是相通的，可以来回走动。

4 使用在日本铃鹿山脉栽培的茶叶"红誉"，加工而成的"和红茶"630日元（约人民币33元）。涩味较轻、香气甘美，特别适合日本的水和点心。

5 巧克力蛋糕、烘焙奶酪蛋糕、香蕉蛋糕这三种固定甜点用碗拼装的"TRIFLE（意式甜食）"，诱惑女性"每样吃一点"的人气商品（750日元）（约人民币39元）。

6 在三种午餐套餐中，受到各个年龄层欢迎的牛肉饼套餐。使用日本和牛与猪肉混合做成的牛肉饼中，加入当地栽培的蘑菇，使用番茄酱熬煮而成。

启动资金：	约1000万日元（约人民币50万元）
开业日期：	2011年1月21日
坪数・席位数：	50坪・24席（约165m²）
日均客流量：	30人
平均消费：	白天1000日元（约人民币50元）晚上2000日元（约人民币100元）
所在地：	日本三重县四日市市城西町4-27
电话：	059（337）8074
营业时间：	11点30分~22点（L.O.21点30分）
休息日：	周三

下，有些妈妈就算是有技能和工作热情，因为家里有需要照顾的小孩，就会在找工作上受到各种限制，这种例子不少。但我们店会尽量录取这样的人。另外，对于以自己开店经营为目标的人，我们也会毫不保留地把经营秘诀教给他们。

我们还有大受欢迎的讲习课程，也是根据员工的设想成立的。驱虫的纯天然蜡烛、木材的处理等，都是由有这方面专业知识的员工或他们的朋友来当讲师，在教室里开设讲座。我们每月还会举办一次品尝咖啡和点心的活动，

第一章 回老家开咖啡馆

7 使用经过严格挑选的食材，如日本四日市市一家养鸡场"云母之乡"中安全培育出来的鸡蛋，及坂先生在老家栽培的自家制大米等。
8 身为"BROOK"的员工，同时又是造型师的绪方Hisami的作品展区。她作为讲师讲解胸针制作等的讲习会也大受好评。
9 日本三重县产的杉树和日本扁柏等订制家具的木材堆放区。这家店的前身同时也是姊妹店的"KnottyHouse Living"，有时会帮忙新建筑施工或装修。

钻研提高各方面要素，推广地域木材

也是广受好评。

开店3年来，我们制作了新的咖啡派对方案，编制了订制家具的商品目录等，该做的事情终于大体成形。当初对于咖啡部门怀揣不安，但后来发现咖啡具有惊人的招揽客人的力量。喜欢的顾客很多，而且由于咖啡，被杂志社等采访的机会也就多了。

另外，通过对于食材的精心挑选和菜单菜式的丰富，让原本是附属于室内装饰商店的咖啡单独出来。下一个目标，三个要素不断升级，开创第2家店！

本町一丁目カフェ

本町一丁目咖啡

带有历史印迹的古老建筑
有不可思议的吸引力

> 为了持续经营咖啡馆，身心上的从容不可或缺。开心快乐地工作很重要。

1 天花板的一部分做成了上下通透的形式，成为了有释放感的空间。土地租金为7.5万日元/月（约人民币3800元/月）。

2 从JR前桥中央站徒步10分钟左右，建店选址在国道17号沿线。

FROM 日本群马县高崎市
NOW 日本群马县前桥市

cafe opening story
cafe opening story
cafe opening story

老板兼店长的大田直美（右）
妹妹 深津麻衣子

Profile（人物简介） 作为店主的姐姐大田直美（右）与担任店长的妹妹深津麻衣子（左）。姐姐直美之前是在法式餐厅、咖啡馆学习；妹妹麻衣子是在英国学习商品开发及烹饪，并在当地酒店、餐厅磨练技艺。

第一章 回老家开咖啡馆 ❼

实现了在超过100年历史的旧民房里开咖啡馆的梦想

　　我曾经就想早晚有一天回到生我养我的那条街，开家自己的店。我之前在法式餐厅和咖啡馆里工作，为了实现长年的梦想，从东京回到了故乡群马县。在前桥市找房子的过程中偶然发现了这栋旧民房。很久以前我就很喜欢古旧的东西，没想到能遇到这么老的房子！这栋房子是日本明治时代建的，当时房东老夫妇在一楼经营男装裁缝店，楼上是用来居住的。装修时，橱窗及"TAIROR"这几个外文字等，作为装饰按当时的样子保存了下来。

　　房子的重新装修及店铺设计都是由身为建筑师的丈夫操办的。2010年1月的时候签订了房屋租赁合同，同年10月份开始进行拆除施工。在施工的过程中，发现需要修缮的地方超出了预想。揭开天花板及泥墙时露出了很多大洞，又是漏雨，又是哗啦啦地掉板材，刮大风的时候房屋摇摆得也非常厉害！当初设想着天花板部分与大梁一起原封不动地展示出来，但最后还是贴上了隔热板。

旧的建筑物很有魅力，但考虑到修葺和预算等情况，必须仔细确认每处损坏的程度。最后，店铺和居住空间加起来花费的改装费用大约750万日元（约人民币38万元）。再加上其他物件、餐具、厨房内机器等，开店准备前总共的花费大约1000万日元（约人民币50万元）。为了节省费用，设备和施工人员等都是自己去找的。

负责烹饪和待客的是我和妹妹麻衣子。麻衣子在英国留学4年，留学过程中一边学习料理，一边在当地的酒店和餐厅磨练技艺。菜式以我们两个人各自掌握的法式料理和英式料理为基础，向各个国家的料理和点心逐步扩展，着重于给顾客耳目一新的感觉。俩人经常为提供独一无二的菜单而相互交换想法。

人气菜品为英国风格的司康饼和胡萝卜蛋糕。大家评价说这是在日本的其他地方都难以品尝到的味道。红茶及香茶是麻衣子在英国的时候发现的有机栽培茶叶品牌"Clipper"。同时我们还考虑在外带及网络销售上下功夫。

开店后的第1年，拼尽全力想让咖啡馆持续下去，但在想要做的事情和能够做的事情两项之间难以做出抉择。觉得再这样下去不行，跟妹妹一起重新审视了一下之前的工作方式。首先缩短了营业时间，营业的闭店时间由晚10点调整到晚7点，而且改成了周日、周一休息的周休两天制。另外，菜式数量也压缩了。卸掉肩上的重担，灵感就一个接一个不断浮现。我跟妹妹都认同"身心的宽裕是非常必要的"这一观点。

让人耳目一新、兴奋不已的菜单

3 "胡萝卜蛋糕" 450日元（约人民币23元）（与饮料一起立减100日元）。是由麻衣子在英国的酒店工作时设计出来的。在胡萝卜上添加小麦粉、砂糖、色拉油、泡打粉、桂皮烤制的面团上裹上奶油奶酪。深度烘焙的"原味混合咖啡" 450日元（约人民币23元），河野式冲泡单杯点沏。咖啡豆为日本高崎市的"鸢咖啡"提供。

4 英国的饮茶时段固定套餐"奶油茶"。英国司康饼（2个）上加入奶油和果酱，配上热茶共850日元（约人民币43元）。红茶有伯爵格雷红茶、阿萨姆香草红茶、英式早茶三种茶可供选择。茶杯与茶托都是英伦风格。

5 "加冕鸡肉套餐"味道十足的香辛料匹配上松软甜美的口感。带汤与沙拉定价900日元（约人民币45元）。鸡肉经过腌制烹炸，与蔬菜、葡萄干一起混合上咖喱粉、酸奶酱等，外面卷上墨西哥玉米饼。

启动资金：	约1000万日元（约人民币50万元）
开业日期：	2010年10月5日
坪数・席位数：	15坪・20席（约50m²）
日均客流量：	10人
平均消费：	1200日元（约人民币60元）
所在地：	日本群马县前桥市本町1-1-7
电话：	027（243）7188
营业时间：	11点~19点
休息日：	周日、周一

第一章 回老家开咖啡馆

6 把原来的后院改造成了明亮的欧式庭院。种植上了落叶树及花草，随着四季变换呈现出不同的样子。非常受带孩子或带狗的顾客的欢迎。

7 建筑师智之与大学时攻读建筑的直美，两人集中备齐了以建筑和设计为中心的书做成的阅读区域。这里的书可以自由取阅。

8 桌子、椅子及照明等都是由智之按照英国或法国的艺术格调来协调搭配的。

9 灰泥做的收款台上是水曲柳木材做的板面，厨房整体给人清爽的印象。为了遮挡物品，不给人杂乱感，台面高度稍高，为120cm。

之前没有想到的一点是，从二十几岁到八十几岁各个年龄层的顾客都来光顾这件事。年轻人被古旧物品所吸引，了解从前样子的老年人带着对往昔的怀念也会来到这里，刻有历史痕迹的古老建筑物，有吸引男女老少过来的不可思议的力量！因为生孩子有一段时间临时休业，当我再次开店的时候，竟然从很多人那里得到了感谢。我实实在在地感觉到在逐渐变成商业街的地区，这家小小的咖啡馆成了当地人们联络感情的场所。而且如今已过世的原房东的孙子也非常高兴地告诉我们："把我们的家弄成了这么棒的一个地方，真是感谢！"

把城镇的人们联系在一起的
无可替代的地方。

第一章　回老家开咖啡馆

cafe notari

咖啡安闲

红色屋顶的怀旧空间
"讲究极致"与"轻松度日"共存

从空间到菜单，服务以"自然而然能够持续"为标准。

FROM 日本岐阜县各务原市
NOW 日本岐阜县揖斐郡揖斐川町

cafe opening story
cafe opening story
cafe opening story
cafe opening story

林 优子

Profile（人物简介） 喜欢咖啡馆的氛围以及与客人的交流，在日本的神户、岐阜、名古屋等地的咖啡厅共工作近10年。与作为建筑师的丈夫齐心合力，店面建设几乎全部都是靠自己完成。

1 山路中孤零零出现的一家红色屋顶的建筑。之前曾是邮政局，为了保持当时的风貌在外观上几乎没有做任何改动。
2 面向客席展示了宽敞舒适的空间。烹饪工具全部收纳到了视线以下，为了制造清爽的印象，橱柜下方安装了用于收纳的抽屉等，尽力追求零空间浪费与使用便捷性。

引入自己制作的室内装饰，设计理念为"轻松"

当我想有一家自己的店的时候，就很偶然地遇上了现在这幢房子，对原本是邮政局的怀旧风格简直是一见钟情。原本是希望能找到一个更加悠闲且能看到小河的位置，而这幢房子虽然离着河比较近但看不到河。虽说是乡下，但在国道沿线有相对大的往来量。尝试着开店营业后，看到招牌就进店的顾客着实不少，事实证明我们成功了。

我们孜孜不倦地在重新装修上花了两年的时间。丈夫是建筑师，因此店面所有的装修几乎都是我们自己完成的。为了使建筑物的古旧味道发挥到极致，我们把一些铝合金窗框换成了木框的旧玻璃窗，灯罩、椅子等也选用了带有古旧感的物品。另外，使用在地板上的其中

❸

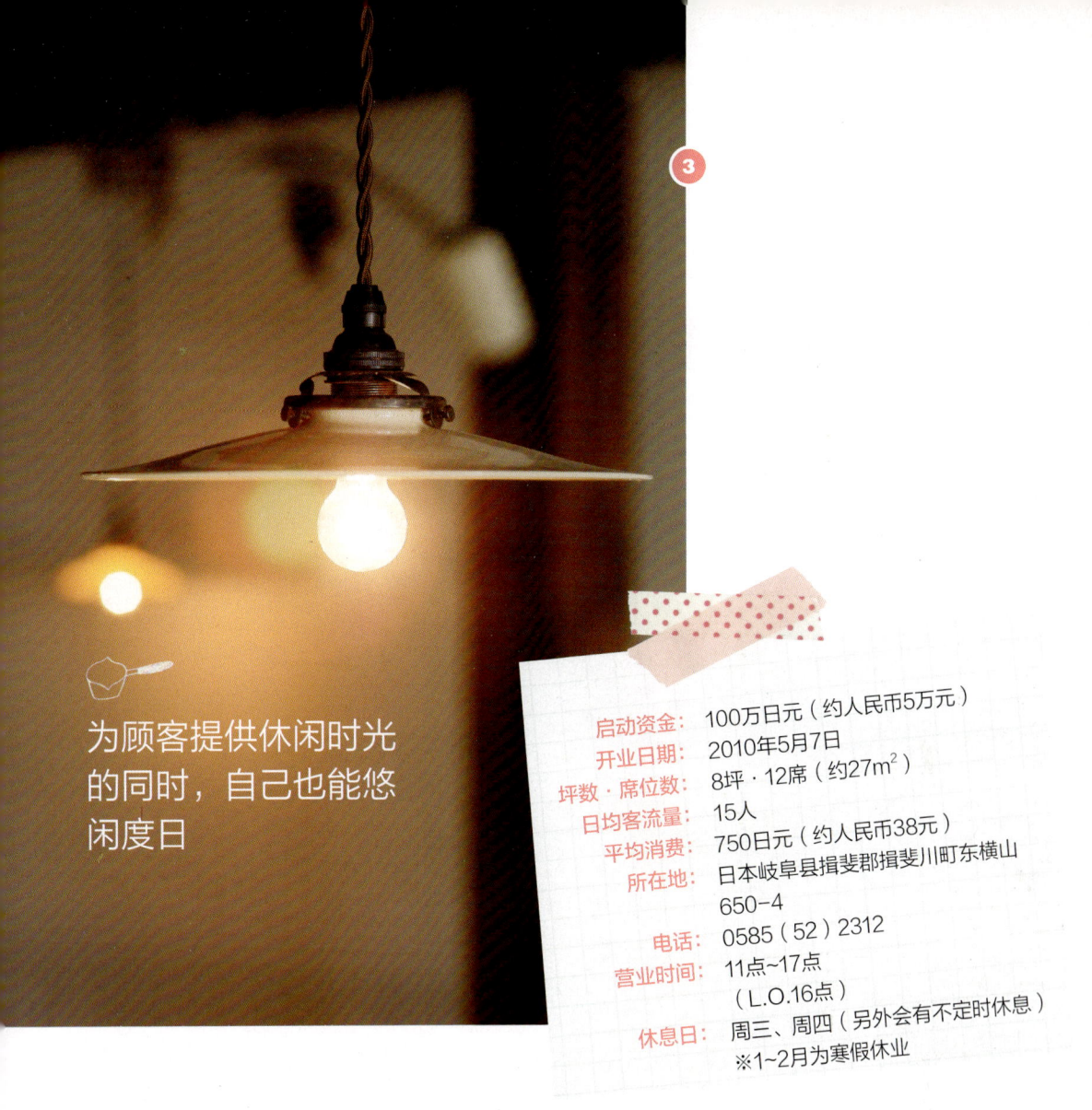

为顾客提供休闲时光的同时，自己也能悠闲度日

启动资金：	100万日元（约人民币5万元）
开业日期：	2010年5月7日
坪数·席位数：	8坪·12席（约27m²）
日均客流量：	15人
平均消费：	750日元（约人民币38元）
所在地：	日本岐阜县揖斐郡揖斐川町东横山650-4
电话：	0585（52）2312
营业时间：	11点~17点（L.O.16点）
休息日：	周三、周四（另外会有不定时休息）※1~2月为寒假休业

3 室内陈设和小物件都是从固定的几家店里购得，风格统一。图片所示的是以日本岐阜县的多治见附近为据点活动的艺术家棚桥裕介所做的灯罩。

4 既可以看到客人，又可以保持适度距离而设置的玻璃窗。格子状的木框是空间的重点。

❹

一片木板用在了桌子上，或是多余出来的木材做成架子等，自己动手制作的室内装饰也很多。在开业之初，从之前工作的咖啡厅拿到的咖啡机和制冰机帮了很大的忙。另外，这幢房子的二层用来居住，省去了多余的花销。

咖啡馆的理念是"轻松"。店名"notari"意思是"悠闲自

第一章 回老家开咖啡馆 ❽

49

5 木板上掏出两个圆圈，中间嵌入水槽做成的洗碗池。有时会在这个地方跟客人聊天。
6 墙上设置的菜单板。稍显陈旧的黑板让人感觉意味深长。
7 厨房旁边的餐具收纳和办公用桌。办公桌与架子都统一为喜欢的风格。
8 从建筑物的基础施工到墙壁、招牌的设计，都是店主从最基础亲手完成，从而控制了花销。
9 如图中坐席的摆放，能够使客人避开四目相视，充分享受属于自己的休闲时光。

得"。一个人可以工作到极限，但太勉强自己工作就无法持续，而且我自己的焦虑和不安会传达给客人，所以客席数缩小到12位，提供的食品也是可以提前做好的咖喱、洛林蛋糕等。另外厨房空间留的很大，还配置了办公用的书桌，就算是营业的时候也能确保私人空间。但是到了周末人多的时候，客人往往坐不下，对那些需要等位的客人心怀愧疚。有时候常来的顾客看到这样的情形可能会让出位置，让我深深地感觉到我的咖啡馆是在大家的帮助下才维持下去的。

2012年在咖啡馆的旁边建立了"器与杂货·邻"的一家店，实现了长年以来的梦想。有很多远道而来的客人，通过咖啡馆与杂货店的并立，来店的目的和动机就增加了，我认为能够提升店铺的整体魅力和满意度。

第一章 回老家开咖啡馆

10 "豆与鸡肉咖喱饭"。醇和而又微微带些甜味的黄油面酱，重点是加入了大量的胡萝卜泥与牛奶。午餐时段附带大盘沙拉总价1000日元（约人民币50元）。

11 "苹果挞"400日元（约人民币20元），"拿铁咖啡"500日元（约人民币25元）。咖啡使用"山田咖啡"（日本岐阜市）的咖啡豆。

精心挑选的 精美容器

12 简单中闪耀个性的各种容器。餐具类都是在喜欢的店铺里发现的，基本是艺术家的作品。
13 喜欢自然无造作的形状和让人感受到温情的氛围的家具。

Asa cafe

朝咖啡

在东京所设想的理想中的咖啡馆，在一栋旧楼中实现

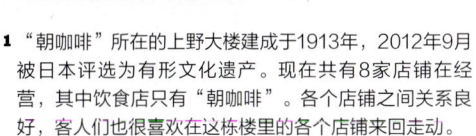

> 根据自己的想象，做出喜欢的空间

FROM 日本福冈县北九州市
NOW 日本福冈县北九州市

cafe opening story
cafe opening story
cafe opening story
cafe opening story

山本朝子

1 "朝咖啡"所在的上野大楼建成于1913年，2012年9月被日本评选为有形文化遗产。现在共有8家店铺在经营，其中饮食店只有"朝咖啡"。各个店铺之间关系良好，客人们也很喜欢在这栋楼里的各个店铺来回走动。
2 店内有伊姆斯⑤等的上世纪中叶家具、北欧的古董风格家具以及小学中使用的椅子等各种各样的混合。

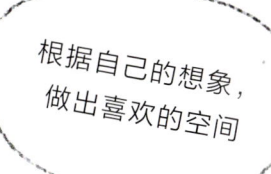

Profile（人物简介） 日本北九州市门司区出生，高中毕业后在当地作为办公室文员工作了5年。到东京后首先当了形象设计师助理，后又在很多的饮食店工作积累经验。2009年12月为了开创咖啡馆而归乡，2010年8月开创了"朝咖啡"。

渡口附近大楼的最高层，所有窗边座位都是特等席

　　选定位置紧邻若户轮渡渡口。渡船都有很亲切的名字叫"嘭嘭船"。建筑物基本上都是100前建成的，都是能经得起风吹雨打的砖结构大楼。过去的若松港，曾作为煤炭的装运地非常繁荣。现在这里是讲述着往昔繁荣的怀旧建筑物，若松港也就成了一处观光地。
　　我原本是在东京的咖啡馆工作。那时候就开始考虑着回家乡开一家自己的咖啡馆，用了大半年的时间找房子，最后定下来的就是这栋楼中的一间。我认真比较了大楼的各个房间，认为现在这个地方是特等室。因为全部的窗子都能非常清楚地看到港口和对岸的风景，轮船在海湾缓缓行进的情景是多么地悠闲。

---

⑤ 伊姆斯（1907-1978），美国设计师，利用新型材质和构造设计了以椅子为代表的功能性家具。此处指伊姆斯风格的家具。

在我开业的时候这幢大楼里只进驻了两家店，而现在有家具店、杂货店等一共8家了。我想是大楼的古老情愫吸引了年轻的感知吧，特意远道而来的客人也多了起来。另外，附近没有很大的住宅区，因此平日里的中午来往行人很少，非常安静。在没有客人来的时候，我就注视着窗外发呆，那对于我来说也是心灵上得到休息的重要时间。

高中毕业以后，在当地企业工作了一段时间之后就去了东京。当时打算往时装方向发展，就上了服装方面的专业学校，而后就做了形象设计师的助理，但因为工作压力大放弃了。其后在面包店、蛋糕店一直到星巴克，在很多家店里面打工。恰好当时赶上咖啡馆热潮，我在各个不同的咖啡馆里兼职的过程中，就开始有了"想自己开一

家店"的想法。在某个个人开的小店里打工的时候，从食材的进货、接待客人到提供饭菜，从头至尾都实际体验过了。过程非常开心，这为我自己开店奠定了基础。

我原本就很喜欢室内装饰和杂货，所以这家咖啡馆的家具等物品都是自己去购买的，这对于我来说是最大的快乐了。另外我把杂志上的报道剪下来做了好多剪辑，店内装修的时候起了很大作用，看着这些剪辑一点一点地让自己的想象得以实现。到了休息日的时候我会去东京批发街的合羽桥买盘子、玻璃制品，或是到处去找桌椅。现在店里的家具几乎是在东京的时候收集的，回到福冈后只是去跳蚤市场补齐了一些。但是，从决定开咖啡馆到实现，这期间的时间过于漫长，以至于室内装饰的风格七零八散。

花费长时间收集自己喜欢的家具，打造店铺的风格

店铺正对着的洞海湾，直至现在仍是海上的交通要道，从窗子可以看到不断有船舶驶来驶去的情景。大多数客人都是冲着这个景致而来，因此座位就设置在了窗边。

启动资金： 约500万日元（约人民币25万元）
开业日期： 2010年8月18日
坪数·席位数： 15坪·15席（约50m²）
日均客流量： 15人
平均消费： 800日元（约人民币40元）
所在地： 日本福冈县北九州市若松区本町
1-10-17上野大楼306号室
电话： 093（771）8700
营业时间： 11点~19点（L.O.18点）
休息日： 周四

一人妥善安排店里一切事务，在经营方法上开动脑筋

3 "巧克力蛋糕套餐"700日元（约人民币35元）。在巧克力海绵蛋糕上叠加巧克力奶油坯，增加口感。巧克力蛋糕单品450日元（约人民币23元）。
4 自开店以来一直很有人气的"午餐盘"850日元（约人民币43元）。图片为肉松罗勒茶饭，鱼酱与罗勒的香味刺激食欲，带蛋糕的套餐为1150日元（约人民币58元）。
5 从10年前就开始收集的杂志剪辑。里面集中了喜欢的咖啡、料理等。按照咖啡、杂货等不同领域分册，共计完成了10册。像椅子等室内摆设都是实际去店里拍了图片写下价格，反复推敲之后购买的。
6 设置了杂货销售区，除了自己收集的古旧玻璃餐具外，还销售受古玩店委托的室内吊灯等。
7 收款台旁边的墙上挂着从素色到有图案的15套围裙，用于搭配当天穿的衣服。
8 代替书架而使用的玻璃柜。曾考虑把外文书作为室内陈设使用，于是按照书的大小委托大楼内的家具店定做的。

　　店里一切都是我一个人打理。有7种午餐需要准备，正式上班是在九点半。离开店只有短短的一个半小时。我从很久以前就比较擅长协调安排，大部分午餐菜肴都可以事先盛好，到了午饭时间再重新加热一遍即可，最后添加上新鲜罗勒，这是为了引出食欲的一点小动作。即便如此，有时候会突然出现团体客人赶在一起，或是到了周末饭菜准备了很多，结果当天没什么人来。在开店的这4年间，这点比较难以处理。

　　平日里午餐高峰过去之后，忙乱就暂时告一段落，店里的节奏再次缓慢下来。顾客大都在渡船的汽笛声和背景音乐中埋头看书，我也在厨房旁边围着各式各样的围裙，搭配休闲服装做些调整放松，因为自己也想开心地工作！

第一章 回老家开咖啡馆

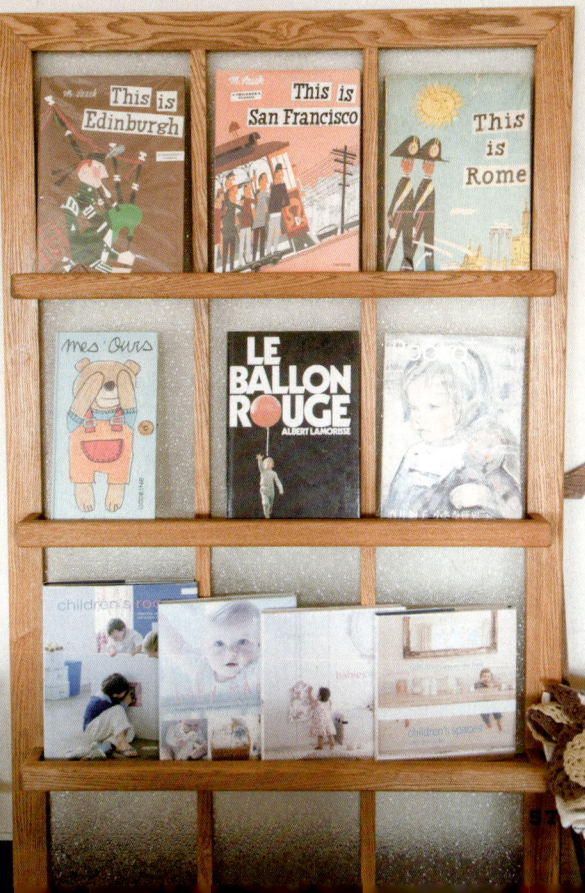

第二章
在魂牵梦绕的城市里
去乡下开咖啡馆

因为在旅途中遇到了而选择这个城市，
或是被美味吸引而选择了这个城市，
这都是值得称赞的动机。
纵身投入到异乡，
带来命运的改变。

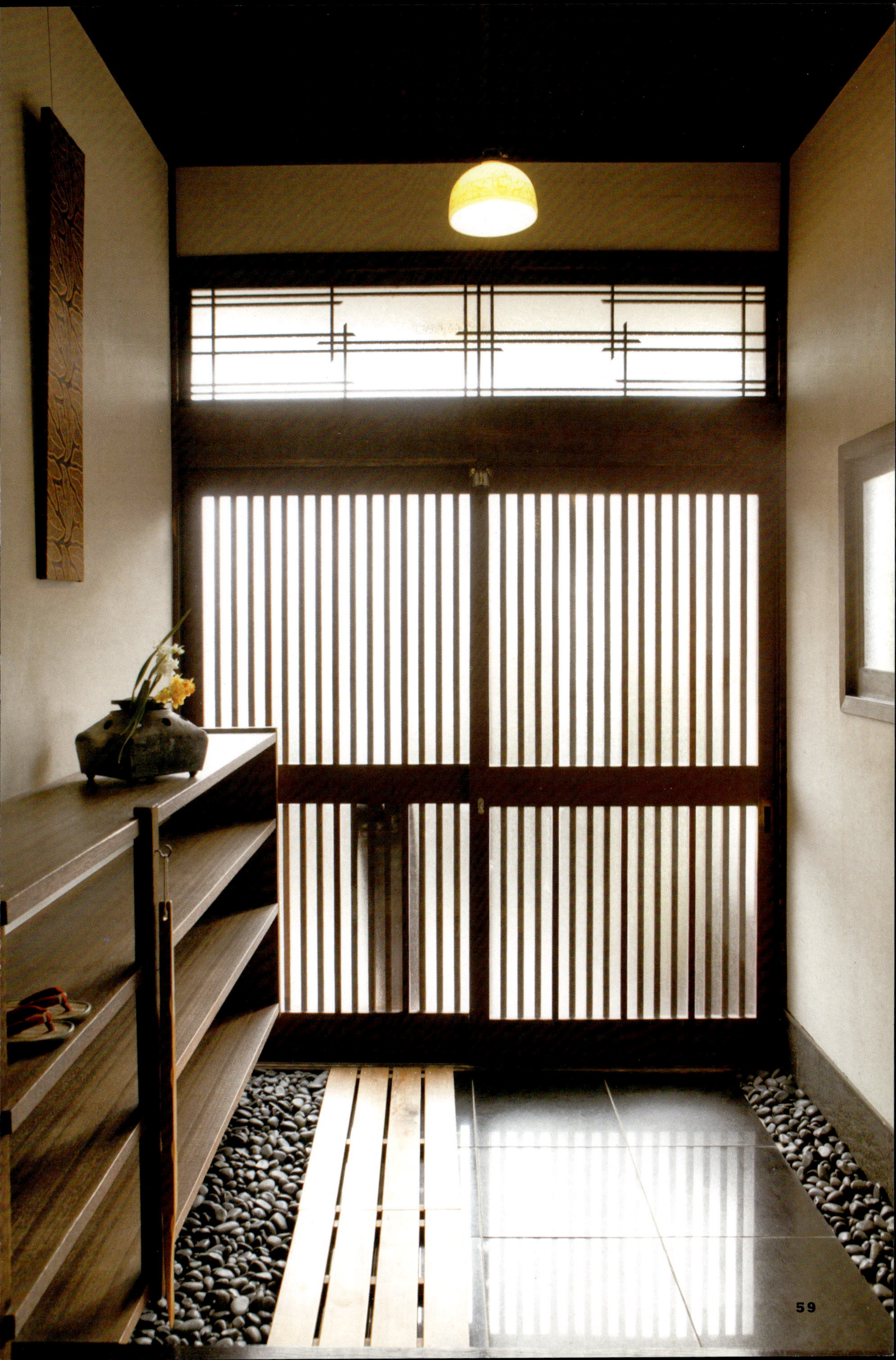

荞麦专门店 **愉庵**
愉庵

纯正手打荞麦面和咖啡的幸福组合

> 在荞麦面中能感觉到很深奥的魅力。我认为牢牢抓住能够制胜的商品非常重要。

FROM 日本茨城县结城市
NOW 日本栃木县宇都宫市

cafe opening story
cafe opening story
cafe opening story
cafe opening story

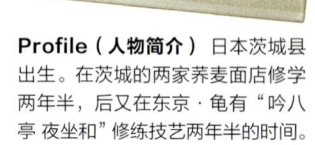

三宅 修

Profile（人物简介） 日本茨城县出生。在茨城的两家荞麦面店修学两年半，后又在东京·龟有"吟八亭 夜坐和"修练技艺两年半的时间。

1 最近的车站是日本东武宇都宫站。距离车站步行三分钟左右的地方建店。由于开在了商店街，午餐时段前来吃午饭的客人非常多。
2 店铺为上下两层，楼上设有较大餐桌，能够招待前来就餐的家庭。白色墙壁与茶色系的室内装饰统一为咖啡风格。家具和杂货都是在县里的古玩店等买入。

作为健康食品的荞麦面与喜欢的咖啡双线发展

在我还是个公司职员的那段时间弄坏了身体，于是重新考虑自己的饮食生活，结果就遇上了营养丰富的荞麦面，以此为契机我就走上了荞麦面的道路，5年的时间一边工作一边利用周末时间学习做荞麦面。之前也一直很喜欢咖啡，于是有了"在舒适的咖啡空间里提供真正的荞麦面"的想法，决心开一家以荞麦面为主题咖啡厅。

于是，在位于日本栃木县宇都宫站附近的商业街附近，找到了原来是美容沙龙的一套复式房子，除了煤气和水管道以外的内外装修都是自己亲自动手，做成了一个方便于女性顾客的空间。店里的荞麦面从打磨面粉开始，都是亲手制作的，以一种在咖啡馆里提供荞麦面的模式经营着。

"天妇罗荞麦面"1380日元（约人民币69元）（午餐时段加200日元可带饮料）。图片为黑荞麦面与虾、墨鱼、灯笼椒及灰树花的天妇罗。天妇罗中使用的蔬菜都是在附近的直销点购买的。面条蘸汁是发酵20天到1个月的砂糖酱油加上用鲣鱼熬煮的汤汁，再放置2周，共花费1个半月完成的。

启动资金：	约700万日元（约人民币35万元）
开业日期：	2012年8月17日
坪数·席位数：	17坪·21席（约56m²）
日均客流量：	20人
平均消费：	1200日元（约人民币60元）
所在地：	日本栃木县宇都宫市传马町2-22联盟大街
电话：	080（4097）8800
营业时间：	午餐11点30分~15点（L.O.14点30分）晚餐18点~21点（L.O.20点30分）
休息日：	周日

招牌菜式为日本茨城县产的"常陆秋季荞麦面"。手工将荞麦种子打磨成粉，店里准备了黑荞麦和丸拔荞麦两种纯荞麦面。蘸汁使用的是最高级的鲣鱼干"萨摩本枯本节2年生厚削片"及三河甜酒"九重樱"。通过萃取、手擀、水煮这三个步骤，就会产生独特的香味与穿过喉咙的感觉。消费群以40~60岁的女性为主，其中也不乏上班族和年纪较大的人。

3 与普通荞麦面店的厨房一样，设有煮锅、圆角流水槽、炸天妇罗用的厨具等。店主非常娴熟地完成从煮面到上餐的一系列流程。
4 黑荞麦与丸拔荞麦的种子装入小瓶，放置在每个餐桌上。
5 用牙签蘸着墨汁写在纸上的菜单册，别有一番风味。

　　另外，店内还有天妇罗、玉子烧、烤鸭肉、烤味噌法式烘饼等，不断充实的附属菜式。甜点有两种法式烘饼、带有凝脂奶油和果酱的"荞麦面司康饼""烫荞麦面饼小豆粥"等，在甜点方面也下了番功夫。咖啡使用的是神奈川・藤泽的"咖啡AROMA"的烘焙咖啡豆，磨碎后用滴落式咖啡机冲泡。
　　使用荞麦面制作食物不仅限于日本，在亚洲的其他国家及欧洲也很常见。我想今后增加世界性质的荞麦面菜式，进一步宣传荞麦面的魅力。

有意识地丰富使用荞麦粉制作的附属菜式

⑥

⑦

⑧

- ⑥ "法式烘饼"800日元（约人民币40元）。只用黑荞麦（荞麦收割后带壳的状态）的粗磨专用面粉，混合水、盐制作的面坯上，放上熏鸭肉、那须御用鸡蛋、芝士和意大利芝麻菜做成的法式烘饼。
- ⑦ "荞麦面司康饼"630日元（约人民币32元），图片为原味与巧克力口味。使用与法式烘饼同样的荞麦粉加入同等分量的小麦粉做成面坯，烧制出松脆口感。同时提供自己家生产的果酱及凝脂奶油。单个外带价格为250日元（约人民币13元）。
- ⑧ "烫荞麦面饼小豆粥"800日元（约人民币40元），使用丸拔（黑荞麦去壳）荞麦粉加上稍多水量做出软弹粘牙的口感。红豆馅从当地专卖店进货。最后用炒过的荞麦粒点缀。

第二章 去乡下开咖啡馆 ⑩

63

森のVoiVoi

森之宝伊宝伊

从东京移居到那须
体验在高原上吃烤薄饼的幸福

> 在洋溢着自然的环境中，看到顾客们的笑容我们也感觉到很幸福！

FROM 日本千叶县（彻、幸子）
NOW 日本栃木县那须郡那须町

小原夫妇

Profile（人物简介） 在烤薄饼热潮刮起之前的2006年，两人在东京的三轩茶屋先人一步开创了一家专门卖烤薄饼的咖啡馆。后来店主小原幸子与丈夫一起移居到了日本栃木县的那须，开起了这家"森之宝伊宝伊"。

1 与在东京建店时同样，在主干道的位置建立店铺。停车场可以停放18辆车。
2 店内安置桌椅时留有较大空间。木材质感的家具和室内陈设都演绎出了温馨的氛围。

我们被高原特有的富饶自然和美味的食材吸引而移居

之所以选择这条街，是以前利用休假来那须高原的时候，喜欢上了这里富饶的自然、齐全的温泉及休闲设施、鸡蛋及奶制品、美味的蔬菜和水果等。"若是能够一边眺望美丽的山脉，一边用新鲜食材制作美味的烤薄饼，那该是多么美好的一件事啊！"我们怀揣着这样的想法，就决定移居到了这里。在那之前，我们在东京的三轩茶屋开着一家专门卖烤薄饼的咖啡馆。

选择店铺的条件是，能够眺望到外面的景观以及要有宽敞的停车场。我们看了很多家空着的店铺和二手别墅，但能够停十几辆车的房子很难找到。在东京开店的时候，不光是等位

丈夫彻以移居为契机辞掉了原来的工作，成为了那须店的店主。每天烤制薄饼、采购培根等，过着充实的生活。

3 咖啡使用的是离那须非常近的福岛县矢祭町的"咖啡香坊"烘焙店特殊定制的咖啡豆。配上低温杀菌的热牛奶，可以品尝到美味的牛奶咖啡。

的客人排成的长队给周围的邻居造成了麻烦，就想着让客人在车里等着也好，就一定要有宽敞的停车场。结果为了找这样的房子大约花费了近1年的时间。费了很大功夫终于在那须连山山麓找到了现在这个店址，这幢房子是用芬兰进口木材建造的木屋。

招牌菜式是用黄油牛奶（用鲜奶油制作成黄油后出来的低脂肪牛奶）做成的松软润口的原味烤薄饼。那须店里的烤薄饼中添加的黄油都是每天早上亲手制作的。

通过社交平台实现与当地人的沟通来解除不安

其他食物主要是使用当地生产的新鲜食材制作，灵活利用地方优势来提升菜单的魅力。在菜单中还加入了大约10年前店主在美国吃过的Dutch Bay Pancake（"荷兰宝贝"薄煎饼）。只用鸡蛋、小麦粉、砂糖、牛奶4种材料制作成面坯，用烤箱慢慢烘烤，富有弹性的口感特别受欢迎。

移居和转移店铺都会对周围环境产生很大的变化，因此在移居前使用社交平台加深与当地的旅馆和咖啡馆老板的交流，来消除他们的不安感。结果他们为身在东京的我们寄送了店铺现场施工的图片、介绍食材的进货地等，在许多方面都为我们提供了帮助，让我们心里有了底气。

对于离开东京这个决择一点都不后悔。当初开店是为了能听到吃烤薄饼的顾客说一声"幸福啊"，结果很快烤薄饼就流行起来，在每日繁忙工作的过程中，觉得对于自己来说重要的烤薄饼变了样。现在要重新回到原点，在充满大自然的环境当中，把最爱的烤薄饼送到更多人的手中。

启动资金：	约4500万日元（约人民币230万元）（含土地所得费、建筑费等）
开业日期：	2013年6月6日
坪数·席位数：	20坪·26席（约66m²）
日均客流量：	工作日100人，周末150人（随季节稍有变动）
平均消费：	1100日元（约人民币55元）
所在地：	日本枥木县那须郡那须町高久甲5343-1
电话：	0287（74）3194
营业时间：	工作日10点~17点（L.O.16点）（周六、周日及国家法定节假日从8点开始营业）
休息日：	冬季休假（2个月）

4 咖啡馆是小原夫妇及在当地居住的员工来打理。从半开放式厨房里飘出来的烤薄饼的香味，暖暖地治愈人的心灵。

5 "那须高原蔬菜和四种热熔干酪烤薄饼"1250日元（约人民币63元）。甜度较低的烤薄饼上裹了一层热奶油。当地生产的新鲜蔬菜相当足量。

6 当天使用的食材会写在小黑板上。既表现了小原夫妇对当地食材的追求和讲究，也是对生产这些食材的人表示感谢。

7 那须带宠物光临的客人比较多，于是在凉台上准备了两桌客席。在繁忙的夏天，还会继续增加凉台席位。

8 冬季的时候烧柴的炉子就派上了用场。幸子说"单单看着温暖的火焰就可以让心灵得到治愈。"

9 "荷兰宝宝浆果"1150日元（约人民币58元）。把专用粉浆摊在长柄平底锅中，放入烤箱慢慢烘烤，借助鸡蛋的力量膨胀起来。淋上柠檬汁，食用时蘸搅打奶油。下午1点之后供应。

10 "自制培根肉烤薄饼"1080日元（约人民币54元）。在招牌菜"黄油牛奶烤薄饼"的基础上，加上了多汁肉厚的培根。一贯坚持每天早上手工制作新鲜黄油。

第二章 去乡下开咖啡馆

67

享受如梦般的生活
在优美的大自然中烘烤薄饼，

café ことだま

咖啡言灵⑥

从远方被吸引过来的两人因为喜欢村子而开咖啡馆

> 单纯居住的话怎么也不能满足，想着为建设村落做些贡献就开始了咖啡事业。

FROM 日本冈山县久米郡久米南町
NOW 日本奈良县高市郡明日香村

cafe opening story
cafe opening story
cafe opening story
cafe opening story

加藤典子

Profile（人物简介） 大学专业为古代史。遇上了同样喜欢明日香村、有餐饮店工作经历的丈夫，开了这家"咖啡言灵"。房子为建成40年左右的普通民家，与朋友一起进行了大约3个月的改造装修。

1 靠近铁路飞鸟站的背面。加藤说："这里正好是观光地集中区域的相反方向。但我想把这家店建成大家都能慕名而来的店，于是就选了这里。"
2 老顾客固定的柜台席位，想和员工聊天的客人也可以坐在这里。质地超棒的单片木板是从房东朋友那花1万日元（约人民币500元）转让的。

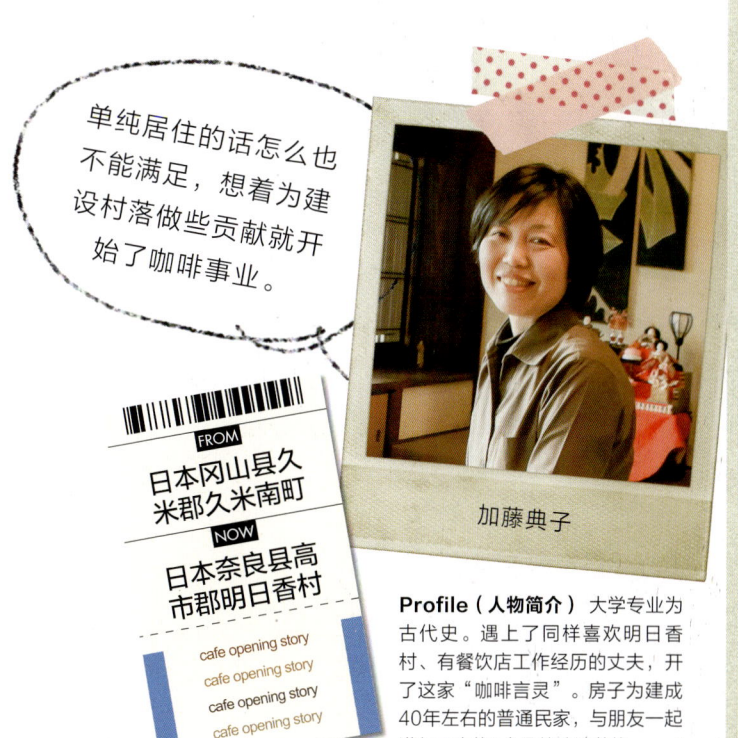

第二章 去乡下开咖啡馆 ⑫

充满古代浪漫气息的土地赐予我们相遇的机会

　　提起明日香，最著名的便是古坟文化⑦。我喜欢这里缓缓流动的时间，因此在这开了"咖啡言灵"。我老家是日本冈山县，丈夫老家是青森县。研究古代史的我非常喜欢明日香村，经常过来旅游。在网上搜集相关信息的时候，发现了丈夫建立的明日香同好交流网站。我参与了这个网站策划的一些活动，于是就与丈夫见了第一面，以此为契机我们加深了交往。

　　那时我住在冈山，丈夫在东京的餐饮店工作。经过远距离的异地恋，借着结婚的机会两人都搬到了奈良。看过我制作的明日香村网站的村民跟我说："如果来奈良，何不加入到明日香村的观光协会里工作呢？"

---

⑥ 言灵：指言语当中蕴含的不可思议的作用。在古日本，话语被认为存在着神灵的力量。
⑦ 古坟文化：日本从4世纪到7世纪流行的堆积成高家的坟墓。

69

日式房间四间中只留了一间，其余的都铺上了木板。历经沧桑的家具，有很多是从朋友那里得到的。

能够在明日香村工作，对于我来说真的是很幸运。最初丈夫在奈良市内的点心店工作，后来丈夫的工作地也移到了明日香村，所以我们搬到了交通方便、生活舒适的橿原市内，住了差不多5年。考虑到如何这样下去，就会一直作为"在明日香点心店工作的加藤或者观光协会工作的加藤"，心有不甘。为了能够更加符合村落的发展，我想必须要有一个能够一贯坚持的核心，于是就开始了咖啡事业。因为丈夫长期在餐饮店工作，就决心开一家咖啡馆。

启动资金：	约600万日元（约人民币30万元）
开业日期：	2006年7月26日
坪数·席位数：	45坪·33席（约150m^2）
日均客流量：	40人
平均消费：	1500~2000日元（人民币75~100元）
所在地：	日本奈良市高市郡明日香村越540
电话：	0744（54）4010
营业时间：	11点~17点（周六、周日到18点）
休息日：	周二、每月第三个周三、不定休

给当地注入新鲜活力 像飞鸟时代的渡来人⑧一样

3 以明日香村制造和销售的特产"米菜豆"为主，出售一些食材及艺术家制作的装饰品。金时人参制作的亚洲调味酱650日元（约人民币33元）、明日香橘子制作的糖渍橘子露650日元（约人民币33元）、红米550日元（约人民币28元）、黑米550日元（约人民币28元）、古代三色米650日元（约人民币33元）、古代米套餐1100日元（约人民币55元）。
4 巨大的小彼岸樱（日本早樱）是近邻的朋友送的。
5 入口处保持了民宿的原貌，"客人刚开始会觉得不像一家店而不好意思进来，但这反倒给了客人们有踏进来之后的意外感。"
6 通往店铺的庭院是从房东那里转让过来的。"现在这个时节，套廊下的席位可以看到盛开的梅花。但是这么漂亮的庭院，一直保持下去有一定压力。"
7 店主认为"吃饭的地方必须有花"，房间的各个角落都装饰着植物，点亮整个空间。

要开咖啡馆首先就是找房子。跟周围的人说起要开店的事情，他们给介绍了很多，但就是没有一家能够让人眼前一亮。后来在刚搬到明日香时认识的朋友给介绍了现在的房东。当时就觉得这是一幢相当不错的房子，于是就定在了这里。

改造装修前是个不满50年的普通民家。配合房屋里门窗隔扇的颜色，把地板和柱子的颜色重新刷了一遍，为了使其看上去像一家旧民宿下了一番功夫。从朋友那转让的旧家具也

---
⑧ 渡来人：从外国来的人，主要指4世纪到7世纪中期从中国和朝鲜来到日本的人。

8 "咖啡屋奈良町"的"混合咖啡"450日元（约人民币23元）。"明日香红宝石烤芝士蛋糕"540日元（约人民币27元）。明日香产鸡蛋"明日香红宝石"混合自家做成的果酱与奶油芝士。基底为饼干坯。

9 使用明日香出产的生姜做成的"蜂蜜姜汁牛奶"550日元（约人民币28元）。把明日香积极栽培的生姜打成浆过滤到牛奶中，饮用此款饮料能让身体变暖和。

10 使用明日香应季食材制作的限量供应的"言灵午餐"1620日元（约人民币81元）。图片中为糖醋煮大和肉鸡和番茄、圆白菜与芜菁的豆浆汁、红米饭等。内容每两周更换一次。

第二章　去乡下开咖啡馆

很有存在感。从不知道谁曾经使用过的古董家具中涌现一种特殊的留恋，与手工制作的空间非常匹配。

　　越是古老的村落，越是有冷落外来居住者的情况发生，但在明日香村却没有疏离感。而且我加入了当地的剧团，又交了很多朋友，喜欢做东西的人比较多，甚至建立店铺的时候来帮忙的人也不少。

　　现在店里只有我和几名员工。丈夫在一家使用当地农产品制作成特产"米菜豆"的单位工作。正如"自古以来改变地区的是异乡人、年轻人、傻瓜"的说法一样，正因为我们是异乡人，所以才能察觉到明日香的绝妙之处，我们要和村里人一起，把这种绝妙的感觉传达出去。

ふくカフェ

福咖啡

离开喧嚣的大都市
移居到喜欢的淡路岛开业

> 为忘却尘世喧嚣、度过温馨时光而开店。

FROM
日本大阪府（善嗣）
日本和歌山县（佐知子）
NOW
日本兵库县
南淡路市

cafe opening story
cafe opening story
cafe opening story
cafe opening story

樫本夫妇

1 最正中那间房子是咖啡馆，右边是私宅，左边是仓库改造成的讲习会场所。
2 开放式厨房、排列着虹吸壶的咖啡柜台、沙发席位构成的主楼层。从其中一面窗子可以眺望到庭院。

Profile（人物简介） 善嗣本来是旅游休闲地旅馆的总台服务员。被调配到淡路岛，喜欢上了这个地方并决意开一家咖啡馆。他一边在旅馆工作一边亲手进行改造装修。佐知子为了帮忙也到了淡路岛。

通过他人的帮助取得了憧憬中的旧民宿

　　淡路岛离都市并不是太远，但非常不方便。不通电车，几乎没有开到很晚的店，但是吃的东西非常美味，人际关系也比较融洽。我一直梦想着能在那样一个地方工作、生活。

　　我以前是在度假村的前台工作，因为工作调配到了淡路岛，接触到这里富饶的自然和温暖的人际关系，就决心要在这里实现多年以来的梦想——开一家旧民宿咖啡馆。

　　我原本就喜欢旧民宿，经常骑着摩托车转着看旧民宿。因为不断地工作调配持续了很长时间的公寓生活，就特别憧憬有檐廊[9]的房子。最初是因为淡路岛这边的旧民宿租金都特别贵，就在冈山县找房子。就在那时候，有一位认识的住持告诉我："檀家有一间房子是空

---

⑨ 檐廊：装在房屋客厅的外侧，铺狭长地板的部分。

善嗣与佐知子工作时的开放式厨房，其深处又新建了一部分厨房空间。

启动资金：	约500万日元（约人民币25万元）
开业日期：	2011年12月10日
坪数·席位数：	40坪·31席（约132m²）
日均客流量：	70人
平均消费：	900日元（约人民币45元）
所在地：	日本兵库县南淡路岛市倭文长田224
电话：	0799（53）6170
营业时间：	10点~18点（L.O.17点30分）
休息日：	周四、每月第二个和第四个周五

的"，我来看了一眼就喜欢上了它。

很久以前这里住着一位有名的园艺师，因此直到现在一年四季都绽开着各种各样的花，且建筑有100多年的历史，这也是魅力所在。因为是乡下，当我进行改造装修的时候，就有很多人过来围观。他们问道："小哥，你这是干什么？"我就回答想开咖啡馆。他们十有八九会说"我看算了吧。"位置在连车都进不来的小路尽头，客人确实很难找到，但我是转了好多家旧民宿经过仔细比较的，只要能保证大路到咖啡馆的这段道路铺好了就没有问题。所以，听了人们的议论，我开咖啡馆的心情依然没有动摇。

3 借着装修的机会买了烘焙机，为了能够销售自家烘焙的咖啡。
4 2014年3月新增设的柜台和一个餐桌席位的空间。彩色玻璃挂画是朋友赠的。以"人之轮"为意象创作。
5 日式房间最里面的沙发席位。能够眺望到窗外池塘的特等席。
6 开放式厨房、排列着虹吸壶的咖啡柜台、沙发席位构成的主空间。

    只有一点让我头疼，就是顽固的墙壁。像刷墙、铺地板这样的活儿有完成后的成就感，但是捣毁墙壁这项工作着实辛苦，每天都要坚持忍受着，使出浑身解数去用撬棍凿墙。

    就在那个时候来了一位帮手，也就是不久之后成为我老婆的人。网上有以开咖啡馆为目标的社区，我们是在那上面认识的，当时我在招募帮忙装修的人。她是为了进行开店方面的学习而来到淡路岛的，但后来被这里的人们和环境吸引，结果两个人就在这里开了咖啡馆。

    开业两年后的2014年2月，因为改造装修而休业一个月。对原本比较狭窄的厨房进行了扩建，等候室改成了客席，收纳间改成了讲习室。翻新之后，一年会举办三次联合手工艺展，慕名而来的客人能够达到400人。通过与杂货创作联盟的合作，与附近的点心店、餐饮店共同协力，

7 为适合女性饮用而以红茶为意象的"福混合咖啡"400日元（约人民币20元）。德岛的特等咖啡品鉴师甄选的摩卡、巴西、曼德琳口味的混合咖啡。

8 比利时生产的华尔夫专用粉混合大米粉，烤制出来的口感外酥内软。添加了树莓和草莓，淋上自制覆盆子果酱的"berry berry"700日元（约人民币35元）。巧克力奶油和海绵蛋糕上点缀奥利奥饼干的"W巧克力"700日元（约人民币35元）。

9 最后收尾时铺上芝士放入烤箱做成的"烤咖喱"700日元（约人民币35元）。

为使淡路岛更有活力，每年举办三次活动

举行一些像庙会一样的活动。在活动期间我们店会提供一些拼盘点心。

这两三年，以增加城市活力为目的的团体迅速增加，怀有同样志向的伙伴们大量涌入。像我一样从外地来的差不多年龄的人也不少。网站社区一下扩展开来，我们店成为了激活城镇的据点，吸引了很多人前来。从今以后，也要相互激励进一步宣传淡路岛的魅力。

第三章
美景就是最好的招待
在独一无二的位置开店

有树林、池塘的闲适地区，
深山里的溪谷，
对于不断都市化的环境来说，
是多么令人怀念的景色。
用自己的方式宣传
渐渐流失的自然魅力。

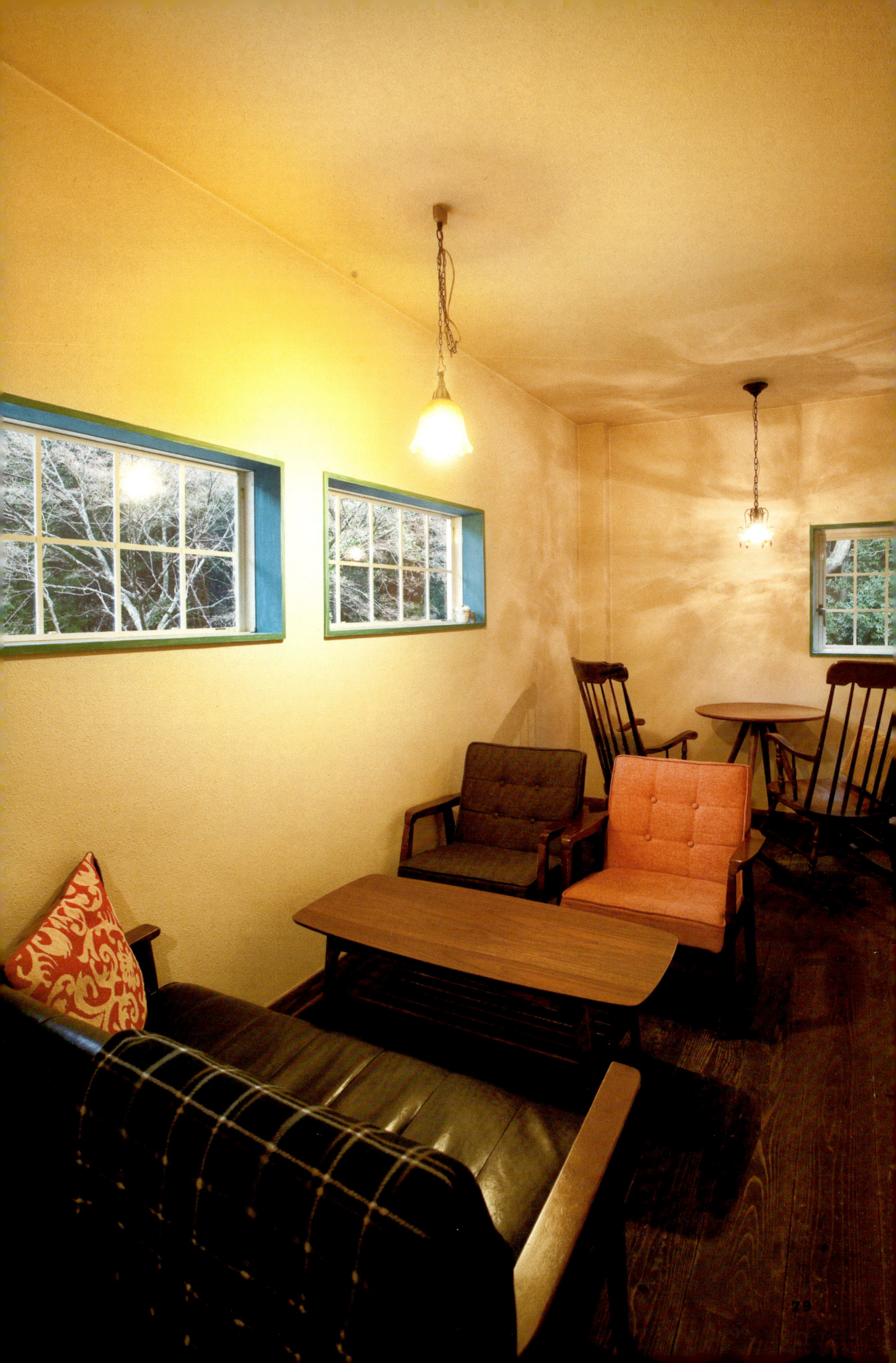

丝音

丝音

心灵和身体能充分休息的温和恬静空间，醇茶与美食与之匹配的咖啡馆

> 作为人生新的起点，五十多岁时开了这家咖啡馆，意欲打造成熟气质的空间。

FROM
日本爱知县知多市

NOW
日本爱知县知多市

cafe opening story
cafe opening story
cafe opening story
cafe opening story

1 若不是放置着菜单板，就很有可能发现不了这家店而错过。能够灵活运用这幢有特殊风情的建筑，也是竹之内决定要开咖啡馆的重大因素。

2 使用佛堂和壁龛两处来经营咖啡馆。设有日式坐席、沙发坐席以及临窗坐席，各自打造出来的不同情趣的氛围也是一大亮点。咖啡区的最里面，有一处原本作为图片冲洗暗室使用的两叠席子大小（3m²）的空间做成了厨房。

竹之内祐子

Profile（人物简介） 作为人生新的起点，在年过半百的时候开了这家"丝音"。从提供菜单、接待客人、打造空间到庭院维护全是一个人完成。比较擅长裁缝，店里的座垫和餐垫都是亲手制作的。

想变成路边小庙一样的存在

这里离伊势湾不算远，周围有大量的树林和池塘，是个非常闲适的地方。我就在大约50年前就矗立在这里、别有一番情趣的日本房屋里开创了"丝音"。

我以前是休闲服饰的打版师，以女儿独立为转机，开始考虑人生的后半段应该如何度过这一问题，想为照顾过我的人还有这个社会贡献些什么。在那时浮现在脑海中的是，人们在路上突然驻足许愿的路边小庙，我想打造这样的一个场所，能够使身心得到休息的温和恬静空间，为了让顾客能够放松，还会提供美味的茶水及甜品。将这样必需的事物一点一滴地积累起来，就变成了现在咖啡馆的样子。

在打造空间方面，有效采用以德国为中心的欧洲室内装饰。我觉得历经沧桑的古董级吊

❸

灯、陈设装饰能够很好地与日本式的空间协调。喜欢德国产品大概也是受父亲影响，从我小时候身边就不乏德国产品，无意识地觉得品质好而拿起来的物品不可思议地全是德国制的，精致中存在的功能美，纤细而耿直的工艺。

我在菜单和刀叉上也吸取了德国的精华，例如招牌菜的其中一个，混合咖啡使用的是口味稍浓厚的咖啡，在烘焙方面极其讲究，又附赠了用鸡蛋打发的鲜奶油。这是以德国经常饮用的维也纳咖啡为印象制作的。红茶不管是口味还是包装，选用的都是德国最高级罗纳菲特公司的产品。茶杯和茶碟都是由德国巴乌莎·阿鲁茨鲁库玻璃公司提供，因其简洁而富有功能性的设计而广为人知。

❸ 以曾举办过的一次策划展为契机，开始在店内一角常年销售的"镰轮奴®"手绢。高端的染色技术及洗练的图案，工匠人的手工感觉与空间紧密融为一体。

❹ 在寻找与店内氛围相称的扩音设备时，一眼看中现在这个英国制古董级音响。"因为是一个人营业几乎没有时间去换CD，所以挑选音响的标准是听上去洪亮且浑厚，即使循环播放也能令人心情舒畅。

第三章 在独一无二的位置开店 ❹

充满日式风情的家间
###　　搭配德国品质的用具

⑩ 镰轮奴：日本元禄年间（1688-1704）流行的衣饰图案。

81

启动资金：	约200万日元（约人民币10万元）
开业日期：	2008年3月29日
坪数·席位数：	22坪·18席（约70m²）
日均客流量：	20人
平均消费：	650日元（约人民币33元）
所在地：	日本爱知县知多市佐布里字西之肋口4-1
电话：	0562（56）2926
营业时间：	10点~18点
休息日：	周三、周四

窗边席位，能够从近处眺望精心整理的庭院。重视桌椅与庭院在颜色上的一致性而进行了认真挑选。利用桌子的高低差来使空间看起来更宽敞。

通过对客人表明态度，创造一个自己也惬意的场所

我对住房原本的格局比较满意，房间隔断就保持了原样没有变，因此我就很重视如何使有限的空间看起来宽敞一些。例如座垫都是手工制作，设计和尺寸尽量不给客人造成压迫感。另外，为使店内与窗外的庭院有连贯感，窗边席位的椅子面选用的是接近草木颜色的抹茶色。另外在富有温情、能使心情舒畅的英国制音响里，播放着以女性爵士为主、平稳安详的音乐来演绎一种宽松的感觉。

第三章　在独一无二的位置开店　14

5 德国红茶品牌，罗纳菲特公司（Ronnefeldt）出品的"Red Berries"一壶550日元（约人民币28元）。混合熟透的苹果与浆果类而产生的酸甜口味，推荐加入冰糖饮用。

6 为了更好地区分咖啡口味偏好的不同，特意准备了四种不同烘焙程度的咖啡。图片为"顽固浓厚混合"一壶500日元（约人民币25元），一壶约一杯半的量，这也是一大特点。如果点热咖啡，会连带提供玻璃杯装的打发鲜奶油。

7 榻榻米的日式房间中挂着的德国制造仿古吊灯。为创建平和的氛围，亮度经反复调试确定下来，天花板照明用为25瓦，装饰用为10瓦。

8 垂挂在日式榻榻米房间里的德国制文艺吊灯。为了能使心情安定调整了亮度，屋顶天花板照明统一为25瓦，用于展示的照明统一为10瓦。

9 店名"SHION"，在古代希伯来语中是"故乡"、"圣地"的意思。竹之内喜欢其中的音韵和意义，配合上日语汉字的"丝"与"音"组合而来。

　　关于室内陈设与菜单，从最开始就有坚持的理念，但并不是一直都一帆风顺的。特别令人头疼的是如何应对举止礼节不太好的顾客。一些母亲们也不注意，放纵孩子们到处奔跑，敲打贵重的玻璃窗玩，让我提心吊胆。另外稍上年纪的一些顾客会自带点心在店里食用，或是不经过允许就随意移动店内桌子的位置等。最开始我忍住没说什么，但后来下定决心改变，明确对顾客表明了态度。

　　最先表明的就是，不许孩子进店。虽然在心里上觉得非常过意不去，但这样心情一下就放松了很多。那是一种就算现在不赚钱，只要够明天吃就可以的一种坚决。如果自己慌慌张张、抱有压力，会自然而然地表现出来，传染给顾客。自从开店到现在6年的时间，我的这种立场、态度也慢慢地被理解，回头客也渐渐增多起来。

cafe くらがり

咖啡暗处

唤醒沉睡之地的自然资源和食材，打造振兴地域的据点

> 开设市场及音乐节活动等，通过餐饮之外的要素提高顾客的满意度。

FROM 日本爱知县冈崎市（二郎、爱美）
NOW 日本爱知县冈崎市

cafe opening story
cafe opening story
cafe opening story
cafe opening story

岩月夫妇

Profile（人物简介） 曾经当过酒吧店员、经营过便当店的岩月二郎，与原本是美容师的爱美，俩人于2011年4月共同开店。二郎从十几岁开始就一直参与音乐活动，今年是第4次策划举办"KURAGARI SOUNDFES"（暗处音乐节）。

1 选址在日本溪谷散步路线的紧邻处。对之前作为旅游招待所使用的房屋进行改造，历时4个月开店。
2 宽敞的空间，利用吊灯的阴影来制造氛围的主客席区域。为了能够制造轻松氛围，衬托窗外绿色，室内照明稍微调暗。

"给故乡带来活力"作为原动力

　　从日本冈崎市中心驱车走山路大概不到1个小时。下车后要徒步走到富饶的天然森林和清澈的小河编织成的"KURAGARI溪谷"，我们喜欢上了这个散步路线起始的位置。

　　店铺是我们夫妻俩经营，都是当地出生。我以前离开这里在冈崎的市中心经营一家便当店，有一次在KURAGARI溪谷的红叶祭祀以便当店负责人的身份参加了活动，以此为契机，通过音乐同伴的关系招募出场演员，举办了野外音乐活动，没想到竟然聚集了上千名观众，感到震惊的同时感叹"热闹只是一时的，必须要为当地居民和观光客不断减少的现状做点什么"。

85

启动资金：	约650万日元（约人民币33万元）
开业日期：	2011年4月29日
坪数・席位数：	70坪・42席（约231m²）
日均客流量：	20人
平均消费：	1000日元（约人民币50元）
所在地：	日本爱知县冈崎市石原町牧原日影3
电话：	0564（83）2232
营业时间：	10点~18点
休息日：	周二、每月第二个周三

天然的潺潺流水声，治愈了来访的客人

对之前作为旅游招待所的建筑进行了全面改造，原型是在新西兰遇到的一家咖啡馆。"在乡下突然出现了豪华空间"，有一种反差感带来的魅力。把原本的日式房间改装成了欧式。窗子做成了能够最美展现景色的大小和高度，最大程度上发挥地点的优势。另外选用当地艺术家制作的吊灯和报刊架等，使室内装饰带有艺术感。

在改造的时候，为了能够突出在河面上而增建了凉台。天气好的时候一下子就被占满，超有人气。

3 接到订单之后放入烤箱中稍加烘烤就能完成的表面松脆的"香蕉面包"500日元(约人民币25元);使用稍浅度烘焙、口感柔和的"小野咖啡馆"咖啡豆做成的"原味混合咖啡"400日元(约人民币20元)(带点心)。下午3点以后的咖啡时段套餐价为750日元(约人民币38元)。

4 "塔可饭套餐"850日元(约人民币43元)。这原本是发源于冲绳的料理,现在使用地方产的峰朝日(MINEASAHI)米、三河猪肉糜、新鲜番茄、洋葱、青椒等,淋上细煮慢炖出的特制辣番茄沙司做成的独创食品。根据季节不同会附送两样不同的小菜。

填满区域魅力的空间、菜式、物品销售

消费人群有喜欢咖啡的女性、夏天来河边游玩露宿的家庭、赏红叶的老年人等,各个年龄层的人都有。因此菜式有适合年轻人吃的塔可饭,也有适合当地人口味的豆酱炸猪排,还有适合外带的大米粉汉堡包等,一应俱全。

食材尽量使用周边产的东西。除此之外,使用的都是甄选出来的优质食材,稀有的地方米"峰朝日(MINEASAHI)"、品牌肉三河猪肉、冈崎市烘焙店"小野咖啡馆"出品的咖啡豆,以及持续经营了近200年的农家茶园"宫崎园"出品的日本茶叶等。

在咖啡区域的旁边设置了艺术家朋友的玻璃工坊"Calm Glass",销售地方艺术家制作的作品。

拉拢同伴推进进一步的成长

　　餐饮以外的要素，同样具有揽客能力和提高顾客的满意度。我把这里作为宣传当地魅力的一个据点加以重视。

　　本店的特点之一就是从日本名古屋、滨松这些远地方来的客人比较多，大概是当地顾客的两倍以上。这跟最初的预想大体吻合，但也有诸多不便的地方，例如客人外出就餐受天气影响比较大，到了冬天销售额会明显下滑。因此这个冬天要引进烧柴炉子增加温情感，或者经常在店里进行音乐现场演出，并时不时地举办手工艺展销进行宣传等。稳定全年的客流量，这是今后的一大课题。

　　经过反复试验，成为开业原因的音乐节也已经迎来了第四届。我希望这能够成为让年轻人目光投向地区的一个机会。

　　在咖啡方面还有许多需要改进的地方，单靠我们一家店有很大的局限性。既然顾客已经到了这里，真心希望能够在咖啡馆周围，有顺便去的其他店。希望与怀有同样志向的伙伴们共同成长，为地区发展做出贡献。

中山间地域[11] 纯净的流水培育出的三河当地的美味

第三章 在独一无二的位置开店 [15]

5 展销当地艺术家作品的店内一角,主要有手工制作的衣服、小物件及装饰品等。富有温情的布制花冠,使用流木代替原木等,在室内陈设中也闪耀着艺术美。旁边并开设了玻璃工坊,同时也举办预约制培训课程。

6 兼有收银台和客席的柜台。经常见到喜欢顺道过来在这里喝一杯咖啡的常客。

7 利用汽车的废弃材料,铁艺艺术家与"Calm Glass"的玻璃艺术家合作而成的落脚灯。在咖啡的空间里绽放着特殊的存在感。

8 创于190年,专注于无农药有机栽培的日本冈崎市石原町茶农品牌"宫崎园"的茶。新商品"大和红茶"30g/740日元(约人民币37元),店中茶饮为450日元(约人民币23元),因其高雅温和的口味作为礼品也很受欢迎。

9 峰朝日(MINEASAHI)大米,日本三河地区特产。粒小且口味与高志水晶稻[12]相似而广受好评,因其出产量有限也被叫做"梦幻之米"。

---

[11] 中山间地域:日本农林统计的地域区分之一,城市或平地以外的中间农业地域和山间农业地域的总称。
[12] 高志水晶稻:主产于日本新泻县的优良水稻,可用于制作寿司。

89

コトコト舎

咕嘟咕嘟舍

未来创业者积蓄力量获取进一步成长的场所
轻负担，大成长！

山下美代
FROM 日本福冈县浮羽市

Profile（人物简介）咕嘟咕嘟舍开业前在一家名为"考陶丽娜（KOTORINA）"的咖啡馆工作，后来开创了咖啡馆兼销售点心的"蜜蜜可可"。

Profile（人物简介）近期将"蓝桉木"改名成"蓝桉树"，目前正在为开创独立咖啡馆而寻找房子中。

桥本良太
FROM 日本宫城县仙台市

高浪薫
FROM 日本长崎县佐世保市

Profile（人物简介）近期从咕嘟咕嘟舍独立出来，开创了一家兼有咖啡区的店铺"猫手舍"。

FROM 日本全国各地
NOW 日本福冈县浮羽市

cafe opening story
cafe opening story
cafe opening story
cafe opening story

启动资金：	未公开
开业日期：	2011年9月17日
坪数·席位数：	40坪·20席（约132m²）
日均客流量：	未公开
平均消费：	1000~2000日元（人民币50~100元）
所在地：	日本福冈县浮羽市吉井町屋部660
电话：	080（5265）1048
营业时间：	午餐11点30分~14点 下午茶14点~17点 ※根据周期及经营者的不同，时间和经营内容会发生变化
休息日：	无特定日期

开始改造装修的时候，墙壁和地板都涂成了深黑色，后来他们自己动手铺上了地板。右手侧能看到的部分是文化馆遗留下来的痕迹。放上了矮饭桌，喜欢聊天、带孩子来的客人很喜欢这里。

第三章 在独一无二的位置开店 ⑯

感觉到树木与人的温情，像家一样的社区

山里已经废弃的文化馆被我们利用起来，开了这家"咕嘟咕嘟舍"，开业是在2011年秋天。由成员们亲自刷新改造的房子里，放着文化馆使用过的桌子、从学校那转让过来的椅子等，都充满了怀旧的情调。

这家店的特点是根据周期不同会更换店长，共同分享"咕嘟咕嘟舍"这个空间的是7位创店者。"猫手舍"的店主高浪这个夏天独立出来，在浮羽市市内开创了店铺。现在，有"蓝桉木"、"蜜蜜可可"、"越南饭Ne-ne"、"日日点心"这4位由不同的人经营的咖啡馆，在咖啡区域的一角，还有其他成员建立的讲习室，举办一些如编织物课程、手工皂课程、婴儿养护等内容的讲座。

这里是因为各种原因而尚未拥有店铺的创业者共同分享同一幢房子，来进行事业方面的实践，在与同伴和客人的交流交往中，取得更进一步成长的地方。初代的大厨从这里独立，在东京开创了咖啡厅。另外，各个不同的咖啡馆还会购入使用其他成员的产品，在放心和实惠两方面都能兼顾。

厨房分为三个咖啡馆的厨房，也有负责做果酱、点心和小菜等的5个人公用的空间。使用时间都是采用申请制，这不仅仅让厨房用具能得到高效利用，也使得咖啡营业中的成员相互帮助、相互通融。

1 这里过去是城镇上人们聚集的场所——旧屋部文化馆，对其进行了有效利用。建筑物本身古旧，成员自己定期就要进行墙壁等地的修补。玄关处会挂上当天营业的店的招牌。

2 销售物品的架子是由原本从事建筑相关工作的"猫手舍"店主高浪所做，主要销售手工皂以及附近"琴韵"店出品的艾蒿茶、红茶等。

3 贴着小瓷砖的洗手间，写有捐赠者名字的牌子等，随处遗留下来的怀旧痕迹，令人感到新奇。

4 "蜜蜜可可"出售的"6月蛋糕"450日元（约人民币23元）和"姜汁汽水"400日元（约人民币20元）。蛋糕特点是软弹的口感和香浓的甜味，与饮料一起的套餐价格减100日元（约人民币5元）。

5 一年出售100种以上的"猫手舍"果酱（260日元起）（约人民币13元起）。充分发挥猕猴桃、梨等各种水果特有的甜与酸，利用不同的口感进行组合。

6 讲习课的情形。由成员以外的委托艺术家来主持。讲习课时咖啡馆会提供饮品，能让顾客充分放松心情。

第三章 在独一无二的位置开店 16

第四章
穿越时空的魅力
对旧民宿、古建筑的翻新

古老的建筑物，
叙述着历史的伟大及温暖，
让人感到平静。
在此，介绍几个将旧民居、库房以及老餐饮店
改造成出色咖啡馆的例子。

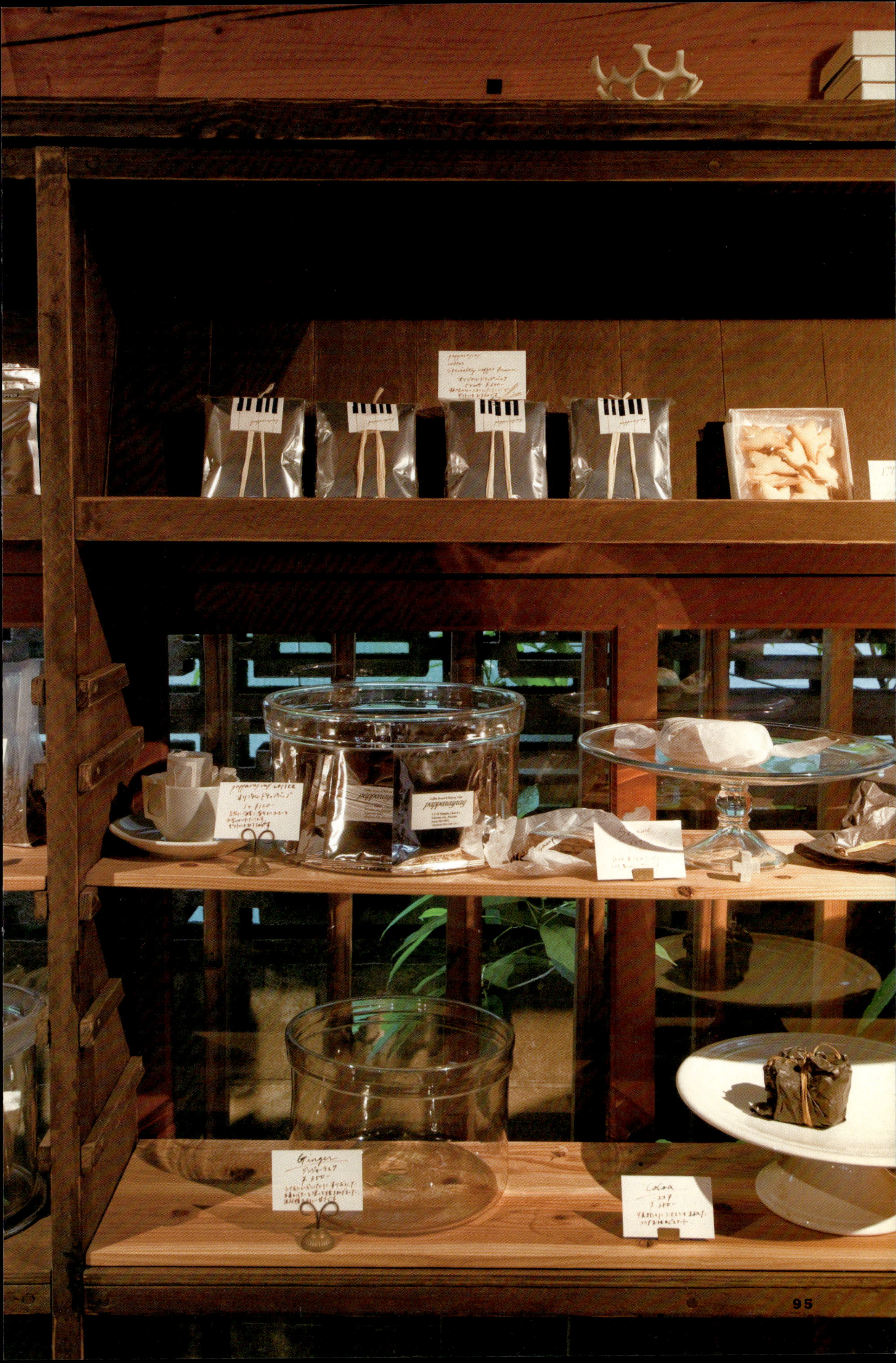
Ginger
Cocoa

野菜cafe廻

蔬菜咖啡巡

在一直憧憬的日本明治中期的房子中
开设新旧风格融合的咖啡馆

> 在房东热心宣传之下，我们实现了开店梦。

FROM
日本山形县（雅宏）
日本神奈川县（夕纪）
NOW
日本栃木县日光市

cafe opening story
cafe opening story
cafe opening story
cafe opening story

山口夫妇

Profile（人物简介） 丈夫雅宏是日本山形县出生，妻子夕纪是日本横滨市出生。共同在"星宿 Villa Revage"（日本日光市）负责接待客人和烹饪。其后参加了biokura style cooking school，2009年10月开创了"蔬菜咖啡巡"。

1 店铺选址在日本罗曼街道沿线，道路一直延伸至著名的日光东照宫。
2 客席稍高的席地座共有7个。门扇全部拆掉，原本是地板的房间铺了榻榻米，做成了一个新的空间。自制的矮桌是在竖切的圆树墩上放了杉木板。

在日本屈指可数的观光胜地开创面向素食主义者的咖啡馆

之所以选择日本日光市，是因为我们俩都是素食主义者。所有菜式里面都不使用动物性食材、鸡蛋和奶制品，而是大量使用当地生产的蔬菜做成套餐及自制甜品等。

店铺的这幢建筑物是在日本明治中期建成，历尽了沧桑。当我第一步踏入这幢房子的时候，感受到的是木头的质感和树叶间透过的阳光制造出的柔和氛围中流露出的历史厚重感。这原本是家经营古玩的画廊，据说在我们来之前大约有30年没人住过。每次来到这里都感叹这是多么棒的一幢房子啊！

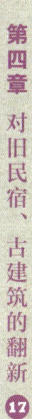

多达11张光彩照人的花鸟画填满天花板。这是出自一位参与过日本日光东照宫修复的画师之手。墙壁是自己动手涂的硅藻泥。从地板到天花板高度达4米,打造了宽敞的空间。

启动资金:	约850万日元(约人民币43万元)
开业日期:	2009年10月16日
坪数·席位数:	16坪·11席(约53m²)
日均客流量:	40~50人
平均消费:	1500日元(约人民币75元)
所在地:	日本栃木县日光市中钵町909-1
电话:	0288(25)3122
营业时间:	夏季11点30分~18点(周三到22点)冬季11点30分~17点
休息日:	周三、周五

第四章 对旧民宿、古建筑的翻新 ⑰

3 以两人工作过的家庭旅馆为参考而设计的厨房。约占整个店铺的1/3面积。在建材市场购买木材,制作了架子。经常使用的烹饪工具放在容易拿到的地方。

4 "大泽日本"、ARISAN(有限公司)有机栽培食品、调味料等在店内有售。

5 当天使用的蔬菜、大米、豆类等的进货地点写在黑板上。两人担任着连接生产者和消费者的重要职责。

6 "感谢自然恩赐套餐"1400日元(约人民币70元),混合烹炸的冬季蔬菜、西式白萝卜关东煮、白菜沙拉、三种小菜(炙烤红心萝卜、柠檬芝麻冻粉、蔬菜油炸馅饼)、玄米饭、蔬菜豆腐汤(每隔两周更换一次)。每日限定20份。

7 口感绝妙的"有机香蕉和椰蓉软润磅蛋糕⑬"525日元(约人民币26元)。"meguri豆汁烘焙茶"600日元(约人民币30元),在烘焙茶里加入了香辛料及豆汁的独创调味茶。

2006年,我们两人在妻子老家的某个西式家庭旅馆里负责接待客人和烹饪。在这个过程中,渐渐萌生了开一家餐饮店的想法。

开业前很久就看上了这幢房子,并开始交涉。建筑经历了相当久的年份,以开餐饮店等的理由申请总是不能得到许可,因此交涉非常困难。我们通过向房东提供周密的计划书,并送上亲手制作的点心来传达我们的诚意和执着。经过1年半的交涉,终于得到了开店的许可。

---

⑬ 磅蛋糕:用奶油、白糖、面粉、鸡蛋调配烤制出来的蛋糕。里面加有核桃仁、果脯等,因各种材料均以各1磅的比例配制,故名磅蛋糕。

⑥
⑦

第四章 对旧民宿、古建筑的翻新 17

99

让建筑物维持延续的同时 让我们的理想具体化

8 日式席位旁的大窗户都围上了栅栏，可以挡住外面的视线。室内陈设选用的都是与木质的内部装修相称的物品。

9 店铺所在建筑已经有120年的历史，相当古老。为了保护建筑物，实行在入口处更换拖鞋的规定。

10 灵活运用靠墙壁的空间，放置了从古玩店买来的供两人坐的椅子和桌子。

我们以"一边维持这幢建筑，一边让理想具体化"的理念开始了改造施工。厨房设备都是从零开始，空间的大小为5坪（约16m²），两个人工作已经绰绰有余。在自己认准的空间建造方面不想妥协，铺地板刷墙等自己能够做的，我们都自己动手来减少支出。另外，地板间里铺上榻榻米，做了稍高一些席地座，在这一点上也是不能让步的。

今后要重整之前废弃的自家菜园，进一步强化"善待地球"的理念。

CAFE SORTE

咖啡分拣机

在建龄超过百年的"仓库"中
提供自家烘焙的"单一原始咖啡"

> 在工作伙伴以及亲戚、当地人的帮助下,完成了修缮工程。

1 这里是过去作为邮政局的金库使用的仓库。现在旁边是自己居住的地方。买入费用包括住宅地皮的土地费用共计1500万日元(约人民币75万元)。经营园艺工作的秀幸,以事业多元化的名义从银行贷款600万日元(约人民币30万元)。

2 使用旧的缝纫机等做成的桌子。从日本东京青梅的一家旧物店"MARUPO"、埼玉·饭能的"翻新工厂"等店买入的翻新品。

FROM 日本北海道(秀幸) 日本东京都(佐代子)
NOW 日本埼玉县日高市

菅野夫妇

Profile(人物简介) 菅野佐代子和丈夫秀幸。秀幸工作日从事本职工作园艺业,周末时与佐代子一起经营店铺。秀幸的一个梦想是在店里卖自己改造翻新的家具。佐代子的梦想是夫妻两人一辈子在这个咖啡馆里开心地工作。

第四章 对旧民宿、古建筑的翻新 ⑱

cafe opening story
cafe opening story
cafe opening story
cafe opening story

将有历史质感的仓库进行翻新

　　1999年的时候,我去了加拿大温哥华,成为了一名咖啡师,基本上整个30岁都是在加拿大度过的。其后又在专供夏威夷科纳酸咖啡的"Princess Radha Farm"工作。2009年回国后,开始在线销售烘焙咖啡豆,2012年的时候开了一家咖啡馆。也可能是从小看着经营茶馆的妈妈的背影长大的原因,我从小就有自己开店的梦想。我很喜欢有沧桑感的东西,在找旧房子的时候一眼相中现在这个仓库。我喜欢土墙独有的凉飕飕的感觉。虽然是面积仅有6坪(20m²)左右大小的一个空间,但历尽沧桑的仓库质感,与后来添加进的废木料、旧道具等室内陈设能够很好地融为一体。空间布置由身为园艺师的丈夫负责。像土墙的修补这种大规模工程,会有工作伙伴、亲戚甚至当地人过来帮忙。仓库墙壁的修补在现在看来是非常

按照自己的步伐，
将咖啡馆经营下去。

3 休息日的周二是烘焙咖啡豆的日子，烘焙好的咖啡豆当天全部发货。生咖啡豆是从WORLD PEANS、生咖啡豆总店、Princess Radha Farm进货。烘焙机使用的是富士皇家500g的咖啡烘焙机。

4 厨房一侧的白墙是在砖墙上涂抹了混合咖啡豆的灰泥，恰到好处的质感与经历漫长岁月的仓库氛围很相配。

少见的事情，一位泥瓦匠朋友觉得很有意思给我们提供了协助。路过的邻居看到后就投身进来，积极、和睦地帮助我们工作。之后这些人也会光顾店里，或是向别人介绍我们店，真是帮了大忙。

菜单主要有烘焙萃取的单一原始咖啡和自制甜点等，另外也有季节限定的裱花咖啡和自制糖汁做的姜汁饮料，内部菜单里还有咖啡利口酒等。为了传达有关咖啡的故事和生产者的思想，我们尽可能地使用有机栽培材料和追求公平合理的交易。甜品类主要由我妈妈负责，制作点心是妈妈生活价值体现，同时也是我对妈妈的一片孝心。

比起辛劳，快乐的事情要多得多。店里的顾客大半都是当地人或是他们介绍来的人，也有一些从很远的地方特意查寻之后过来的，大多是喜欢古旧物品或者喜欢手工的人，都是跟我们有共同价值观的人。

5 使用无农药栽培的夏威夷科纳酸咖啡制作的"法压壶咖啡"800日元（约人民币40元），使用的是佐代子曾经工作过的Princess Radha Farm的咖啡豆。咖啡杯是日本益子烧[14]的"吉泽陶器"。

6 "什锦摩卡"580日元（约人民币29元）。在加拿大当咖啡师时的当地人气饮品。里面添加了纯辣椒粉、桂皮以及有机栽培的可可粉。此款咖啡能让全身温暖，在冬季很受欢迎。

7 使用大吟酿的酒糟和全麦粉制作的"酒糟四合蛋糕（quatre-quarts）"350日元（约人民币18元）。用肯尼亚的"Masai AA"冲泡的"拿铁咖啡"560日元（约人民币28元）。咖啡杯出自"拉脱维亚"，杯垫出自日本群马的羊毛艺术家"福缀"。

第四章 对旧民宿、古建筑的翻新 [18]

　　顾客的数量当然会有波动，有时候一整天不怎么来人。那时候不是因为不赚钱而觉得不开心，而是因为不能跟客人聊天而感到无聊（笑）。我不是在追求一个月赚上十几二十万，而是只要还上银行当月贷款就可以，可能是因为这样的心态才使得我不会忙忙碌碌。我觉得店主的心态一定会影响到咖啡的口味和店内的氛围，所以必须保持能让身心健康的步伐、节奏，就像在悠闲舒适的家里招待客人一样，让这样的心情持续下去吧！

　　打造自己喜欢的空间，制作自己喜欢的菜式，感觉"自己"得到了充分的体现。有能够接受那么远、那么小的一家店的顾客存在，真的很开心、很感谢。另外，在修补工程当中帮助过我的

---

[14] 益子烧：日本栃木县芳贺郡的益子町特产。这种陶瓷起源于日本江户时代，目前益子町已有约400多家制作"益子烧"的瓷窑。当地在春秋两季举办瓷器市集，游客还可以亲自体验陶瓷制作过程。

8 单一原始咖啡有7或8个种类（100g 600日元起）（约人民币30元）。也有在线销售。
9 仓库的土墙里使用了编织竹木、粘土及稻草。墙上的裂缝是故意设计的。墙壁修补的材料费大概60万日元（约人民币3万元）。
10 仓库第二层用做钢琴演奏会时的客席或是客满时的等候场所。另外，介绍当地艺术家作品的回廊部分也对外开放。

　　伙伴，以及非常爽快地把停车场借给我们的邻居们，这些为我们咖啡馆不遗余力地伸出援手提供帮助的人，我一直心怀感恩。
　　这里不是大都市，但有着小城市才有的人与人之间的羁绊、温情，值得我珍惜。一直希望自己能够像这幢见证时代变迁的仓库一样，深深扎根在这片土地上。
　　现在在休产假，我想再次开始营业可能会在今年秋天以后。再次开业之后先预定只周末营业及做一些开店活动，再慢慢地增加营业天数。开春之后的营业时间和休息日，也根据当时情况再做决定。转换思想，重新再来！

所谓咖啡馆
是把自己的生活状态变成实在形状的场所。
那就是超越时空的空间

第四章 对旧民宿、古建筑的翻新 ⑱

启动资金：	约160万日元（约人民币8万元）
开业日期：	2012年9月1日
坪数·席位数：	6坪·8席（约20m²）
日均客流量：	20人
平均消费：	1000（约人民币50元）
所在地：	日本埼玉县日高市大字梅原64-8
电话：	042（978）7180
营业时间：	11点30分~19点
	周六、周日7点30分~11点，14点~19点
休息日：	周二、周三

Cafe ヒペリカム

咖啡金丝桃

一边继续从事设计师事业，一边经营咖啡馆，传达"悠闲时光"的重要性

> 对于好奇心旺盛的我来说，通过兼顾咖啡经营与设计，扩展了事业领域。

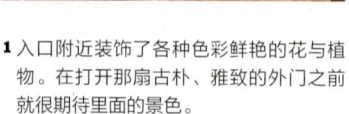

栗津SAKI

Profile（人物简介） 母亲纯子（左）曾经营过茶馆，也给SAKI提供过帮助。SAKI说："在每天进货等的例行工作中发现快乐，是长久经营不可欠缺的一点。"

1 入口附近装饰了各种色彩鲜艳的花与植物。在打开那扇古朴、雅致的外门之前就很期待里面的景色。

2 15坪（约50m²）的空间设计由TANTABLE一级建筑事务所负责。发挥建筑原有的情趣，把天井上的古老横梁暴露出来，使用了大量的木材进行了改造装修。在刷墙过程中，朋友与栗津也参与了进来。

FROM 日本京都府京都市
NOW 日本京都府京都市

cafe opening story
cafe opening story
cafe opening story
cafe opening story

被偶然发现的一幢房子吸引，开始了开咖啡馆的构想

　　日本京都市左京区大学、美术馆云集，而且绿树成荫。我的咖啡馆就在冈崎路沿线，2011年10月开业。

　　我在经营咖啡馆的同时还兼职着平面设计师，所以店铺一楼为咖啡馆，二楼是设计办公室。

　　之所以采用现在这种形式，是因为之前一直和朋友制作点心。一面在公司里做设计师，一面利用一个月几天的休息时间在市里销售手工制作的烤点心。2011年1月辞掉公司工作，开始做自由设计师的时候，偶遇了现在这幢房子，于是有了开咖啡馆的想法。比起窝在办公室里一门心思地搞设计，更希望有一个能做点心和与人交流的地方。

3 在洋葱和肉糜里加入鹰嘴豆、菜豆、红菜豆等的"特制五谷米足量豆咖喱饭"850日元（约人民币43元）。使用小茴香做的圆白菜西式泡菜免费供应。菜单中还有每日一换的浓汤套餐、三明治等。在食物当中尽量使用豆类和蔬菜等健康食材。

4 蒸制的甜度较低的粒状豆馅，为增添口感和香味，糯米中添加了黑米、雁来红等杂粮混合而成。接到订单后开始制作，准备馅料、黄豆粉、芝麻等各种材料。有两种口味的"杂粮米手作萩饼[15]"2个400日元（约人民币20元）。用手工滴落式精心制作的"极致烘焙混合咖啡"500日元（约人民币25元）（搭配点心或正餐时减100日元）。

启动资金	约300万日元（约人民币15万元）
开业日期	2011年10月10日
坪数・席位数	15坪・15席（约50m²）
日均客流量	25~30人
平均消费	1100（约人民币55元）
所在地	日本京都府京都市左京区冈崎北御所町50番地
电话	075（771）7914
营业时间	11点~19点
休息日	周三

第四章 对旧民宿、古建筑的翻新 ⑲

　　这幢旧民宿有70年的建筑历史，据说原来是艺术大学的学生公寓兼画室。我喜欢地板上滴落的五颜六色的颜料痕迹，非常有艺术气息。选址位置以及一层、二层能分成咖啡馆和办公室来使用这些方面很得我心意。

　　开业时非常重视"空气感"。例如用小学的办公桌当做餐桌，我很看重这些古旧的家具透出来的温暖氛围。另一方面又装饰上现代感的艺术品及有意思的插花等，目的是打造一种"古老物件的基础上点缀自己喜好"的印象，也就是古典与现代混搭的形式。我还特别喜欢绿色植物和花，将它们装饰在了房间的各个地方。

---

⑮ 萩饼：将粳米与糯米混煮，轻捣后揉成面团，再敷上一层豆沙或黄豆粉等。日本人还将其与季节联系在一起，春分时叫牡丹饼，秋分时叫萩饼。

107

5 南瓜烤芝士蛋糕、朗姆酒葡萄干蛋糕、果仁磅蛋糕等，排列着7种烤点心和半生点心。夏天有8种刨冰，冬天有小豆粥或烤苹果，这种随着季节变换的菜单也广受好评。

6 "Hypericum"是一种有小小红色果实的植物。喜欢她"辉煌闪耀""悲伤不再延续"等的花语及发音而选为店的名字。

7 咖啡馆内与厕所之间设置的小庭院。鱼缸内鱼儿优闲地游动着。

　　咖啡馆的门脸是"萩饼"。刚做好的萩饼之美味，我想只有家庭手工制作才会有，能够品尝到敷在外面的黄豆粉的风味及芝麻的芬芳。还有，重视不限形式的自由畅想，因此会出现红豆馅和咖啡这种意外的组合。想让顾客悠闲地度过时光，咖啡都是用大杯子冲得满满的。

　　另外，在服务方面特别注意与客人之间保持适当距离，以及不慌不忙的动作。在大街小巷到处都是小咖啡馆的当今，客人们能够不远千里来到我这个小小的店，我认为是我们有独一无二的氛围和让客人放松的空间。

　　在公司里工作的时候，总是被最后截止时间压迫着，疏于饮食使得身心俱疲。那时候帮助了我的就是咖啡馆，因此我的咖啡馆也致力于提供心情舒畅的空间和服务。在繁忙的工作中，至少喝咖啡这段时间是轻松愉快的。

　　咖啡馆经营和设计兼顾，让我自身在事业领域上得到了扩展。在截止时间之前提供高质量作品的工作和给顾客们提供安适环境的工作，这两项工作的时间轴正好相反，虽然有些辛苦，但对于好奇心旺盛的我来说这是理想的状态，我要权衡着把两项工作继续下去。

一边发掘着一个个小小的欢乐，
一边兢兢业业地进行着日常工作。
这样才创造了理想的空间。

第四章 对旧民宿、古建筑的翻新 ⑲

papparayray

帕帕蕾蕾

料理、面包、咖啡
三种综合的新家庭经营模式

> 对别人碰巧介绍的独门独院一见钟情。突出院子里的绿植是我的用心所在。

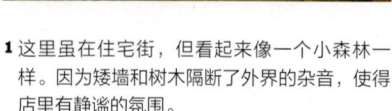

FROM 日本福冈县糟屋郡
NOW 日本福冈县福冈市

cafe opening story
cafe opening story
cafe opening story
cafe opening story

山西理惠

Profile（人物简介） 理惠在专业学校里学习设计，后来在咖啡馆工作。先是在公寓的其中一间房子开咖啡馆，之后正式开创"帕帕蕾蕾"。

1 这里虽在住宅街，但看起来像一个小森林一样。因为矮墙和树木隔断了外界的杂音，使得店里有静谧的氛围。
2 把原本是和服批发店的房子重新装修。玄关处装饰着插花，给室内添加了色彩。

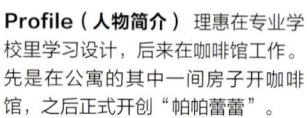

四季不同景致的庭院也是咖啡馆的特色

　　我原本就对餐饮业有兴趣，从学生时代开始就在各种不同类型的店里打工。如果哪家店特别想去，就算他们不招员工，我也会直接过去跟他们咨询。

　　后来在日本福冈市平尾的一家叫"FURA"店的工作经历，成为了我人生的转折点。那虽是一个面积不足5坪（约17m^2）的小店，但可以从窗子眺望到乌桕闪闪发光的叶子，心情无比舒畅。渐渐地自己开一家店的想法也越来越强烈。虽然在那工作了两年左右就辞掉了，但在那里掌握的容器使用等，给我自己开店带来很多启发。经历了这些过程，2010年9月在一家旧民房里开创了"帕帕蕾蕾"。我、妹妹以及妹夫三个人操持这家店。我负责料理和甜

> 虽是家庭经营，
> 分工非常明确。

3 最前面的这位是店主山西理惠。里面是负责面包制作的妹妹中田麻由。麻由的丈夫中田诚治负责咖啡。三人从不过分强调自我，融洽和睦地接待客人，这也是店内气氛的一部分。

4 作为等候室使用的楼上的小房间。从窗子往外能看到庭院里的绿树，如一幅画一般。

5 以古董风格的桌子为意象委托木工制作的收银桌。为了同时进行包装烤好的点心等工作，桌面设计得稍宽。

第四章 对旧民宿、古建筑的翻新 20

点，妹妹负责烤面包，妹夫负责烘焙和萃取咖啡，各自发挥自己的长处，担任自己的职责。

在现在这种形式确立之前，我有一段时间是用公寓的其中一间来做咖啡馆。作为"帕帕蕾蕾"的前身，当时的店名叫"香庄25"。我们当时实行的是根据星期的不同更换店主的制度，我负责沏茶，妹妹负责烤面包。在那营业了近4年后，就下定决心开一家自己的咖啡馆，同时邀请了妹妹及其丈夫。

最初找房子的时候想尽量避开旧民宿，但一次偶然的机会别人给介绍了这家，我一下被这家的庭院迷住了。因为我一向喜欢植物，在改造装修时设置了超大的窗户，为的是店里的

111

享受读书与聊天的同时，
适度的喧杂让心情舒畅。

每一个席位都能欣赏到庭院里的树木。中间大胆使用了上下通透结构，混凝土和店内简洁明快的家具协调统一。室内照明灯光稍暗，突出庭院里的绿树也是我讲究的效果。

现在店里的顾客八九成是女性，因为离市中心稍远，大多数人都是从图书馆或美术馆回家路过。我们也准备了价格合理的红酒以及奶酪等下酒菜，建议在白天也享受一下红酒。

启动资金：	约900万日元（约人民币45万元）
开业日期：	2010年9月12日
坪数・席位数：	24坪・24席（约80m²）
日均客流量：	50~60人
平均消费：	咖啡1000日元（约人民币50元），咖啡豆880日元（约人民币44元）
所在地：	日本福冈市中央区赤坂2-2-22
电话：	092（406）9361
营业时间：	11点30分~18点
休息日：	周四、周五

第四章 对旧民宿、古建筑的翻新 ⑳

6 "轻烤热三明治午餐"1200日元（约人民币60元）。面包是使用全麦粉自家制作的。贝夏美沙司[16]咸度较低，口味温和。

7 "奶咖"600日元（约人民币30元），用咖啡壶提供是为了让顾客能够慢慢享受。

8 "五香白色裱花蛋糕套餐"850日元（约人民币43元）。白巧克力中加入了豆蔻和桂皮做成的纯白色蛋糕。

---

[16] 贝夏美沙司：贝夏美原是法国路易十四时代一位厨师名字。贝夏美沙司是一种白色调味酱，奶味浓厚，为法式菜主要沙司之一。

"红酒相伴"1200日元（约人民币60元）。自制意式棍面包搭配数种奶酪、水果的拼盘。为了让这款料理从任何角度看都很漂亮，在拼盘上下了一番功夫。

第四章 对旧民宿、古建筑的翻新 ❷

ハチミツボタン

蜂蜜纽扣

喜欢手工制作而走在一起的两人，从零开始建成的富有温情的咖啡馆

> 我们虽然没有木工方面的经验，但在朋友的帮助下，内部装修几乎都是我们亲自动手。

FROM
日本长崎县（高洋）
日本福冈县（妙子）
NOW
日本福冈县粕屋郡志免町

cafe opening story

滨田夫妇

1 由之前一家小饭店的旧房子改造而成。现在除了现场演奏以外，还举办西式插花及彩色粉笔画的课程。
2 由磨砂玻璃、彩色玻璃组合而成的窗玻璃也是出自高洋之手。店内放置着一台钢琴，有时会举办现场演奏。

Profile（人物简介） 同年出生的滨田高洋和妙子夫妇。高洋在居酒屋、酒店等有15年的餐饮经验。妙子在咖啡馆、西班牙料理店等4家餐饮店学习了服务及蛋糕制作。

喜欢手工制作的两人共同开设咖啡馆

地址在从日本福冈市中心驱车约30分钟路程的地方，开业时间是2009年4月。店名意思为象征餐饮的"蜂蜜"与象征工艺的"纽扣"都具备的店。在店内一角，有自己手工制作的布偶玩具及其他布艺品出售。

我们夫妻俩都喜欢手工，因此店内的装修几乎都是我们自己亲自动手。一开始打算委托专业人士，但后来偶然拜访了一家咖啡馆，得知他们家全是店主亲自完成，于是我们也想挑战一下。虽然我们两人都没有木工方面的经验，但在朋友的帮助下，例如用砖垒筑柜台、厨房，刷墙等除了电气以外的工程，几乎都是我们自己完成的。在店里，制作蛋糕和咖啡由我

手工制作的布偶玩具
及其他布制品可出售

店内一角设置了摆放小物件的杂货区域。摆放着妙子手工制作的布包和化妆包等。在咖啡馆不营业的时候，制作小物品也成了一种休息。

第四章 对旧民宿、古建筑的翻新 ㉑

来负责，烹饪由丈夫负责。在开这家店之前，我在日本福冈市内的一家咖啡馆里工作，丈夫从20岁左右就一直从事日式料理方面的工作。

以前也有考虑过开日式餐馆，但想着如果开咖啡馆，就会有举办活动、开现场演奏会等的可能性，于是就有了现在的选择。咖啡馆提供的饭菜是简餐，而我们为了让男性顾客也得到满足，在菜量上花了心思。另外，选用无农药的蔬菜、咖啡豆等在食材的安全性及健康方面也下了功夫。还有，在料理中添加香草，或在蔬菜中加入用水和蜂蜜发酵而成的调味料汁，以此引出食材本身的风味，使得饭菜更加可口。

启动资金：	约600万日元（约人民币30万元）
开业日期：	2009年4月
坪数·席位数：	18坪·16席（约60m²）
日均客流量：	25~30人
平均消费：	1100日元（约人民币55元）
所在地：	日本福冈市糟屋郡志免町别府1-25-11
电话：	092（692）9661
营业时间：	周一、周三11点30分~16点，周五、周六、周日11点30分~16点、18点~21点
休息日：	周三、周四

3 手工制作的柜台席位。厨房内设置的使用非常方便的架子全是高洋所做。

4 香草和蔬菜浸入水和蜂蜜中腌制，在冰箱和常温中交替存放制作出来的调味汁。可用于各种饭菜中。

今后的目标不是继续扩张店铺，而是想两个人一起把这个咖啡馆经营下去就可以了。

第四章 对旧民宿、古建筑的翻新 ②

5 "蜂蜜鸡蛋布丁"300日元（约人民币15元）、"咖啡"450日元（约人民币23元）。布丁还是原来的老味道。蛋糕则为了让顾客和自己时常有新鲜感，会不断提供新品。

6 "每日一换套餐"880日元（约人民币44元）。图片中的主菜是照烧有骨鸡腿肉和蔬菜。大块蔬菜都是花长时间细煮慢炖出来的。

119

第五章
从过去到未来
毫不犹豫地留在这个城市

从出生到长大,直到毕业,
从未离开过这个城市。
在叫做"咖啡馆"的地方,
找出这个城市里只有你自己知道的魅力吧!

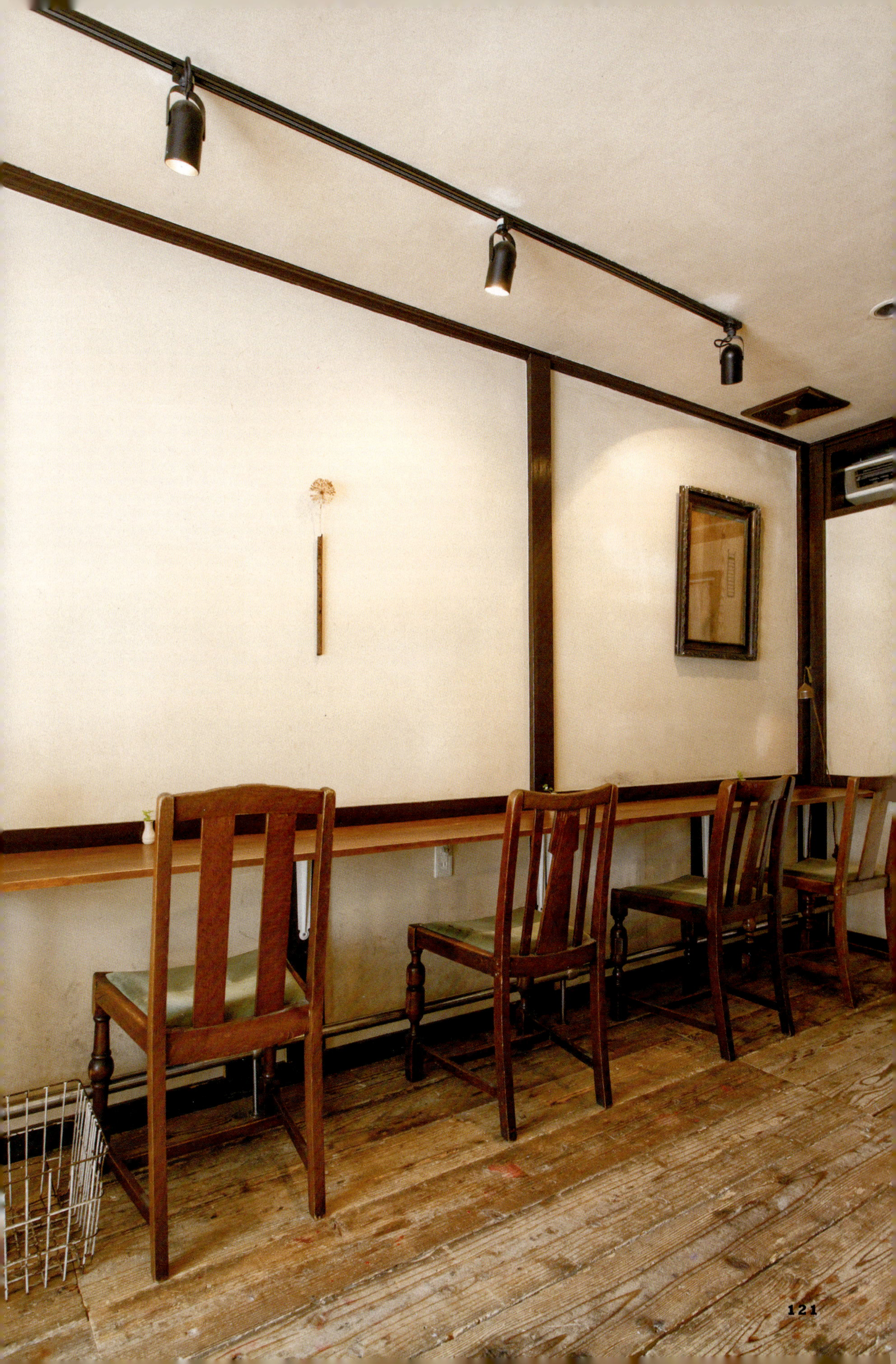

nofu

诺夫

古老的小酒馆经过自己改造使其重生，提供饭菜、旧生活用具及饮品的店

> 为了打造成让单身顾客也觉得自在的餐饮小店，正在考虑到秋天再一次翻新店铺。

FROM 日本埼玉县埼玉市
NOW 日本埼玉县埼玉市

cafe opening story
cafe opening story
cafe opening story
cafe opening story

今泉宣子

Profile（人物简介） 从服装专业学校毕业后，在当地的箱包加工厂就职。经历5年箱包设计师的职业生涯后转向了餐饮行业，在法式料理店及餐厅厨房合计工作7年后独立。

1 建筑正面米色，大门灰蓝色，涂漆成自然的印象。开业时就种下的丝藤已经长大，成为非常明显的标志。

2 一层用来销售商品，二层经营咖啡馆（餐饮）。图片为二层咖啡馆，倒垂的漏斗形灯罩与白炽灯组合成电灯，店主在照明方面花了一番心思。

从箱包设计师改换职业，在周密计划的基础上开业

店铺是自己亲手从一个古旧的小酒馆改造而来的，二楼做成了提供日式、西式、韩式料理和甜点的咖啡馆。一楼销售与饮食有关的生活杂货、食品等。

我原本是箱包设计师，辞掉工作进入了餐饮领域，在日式、西式的料理店及酒店厨房里进行了大约7年的工作学习，为开业做了周密详尽的企划书。从经营理念，到详细的商品研究簿，最终投入自己的积蓄充当启动资金。把经营理念定位为"提供饭菜、饮品及家用工具的店"，因此也取得了家居用具方面的经营许可。

用时5年多找到的这幢房子，地处日本JR北浦和站西门检票口徒步3分钟就能到达的位

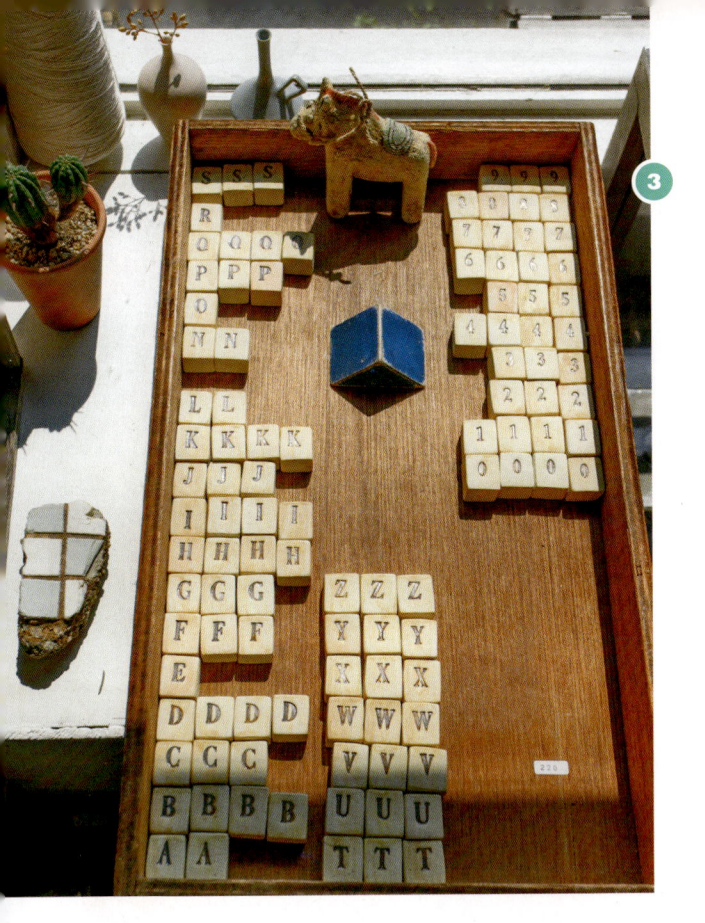

二楼轻松自助的形式
一楼点餐

3 一楼销售餐具、木制手工艺品、刀叉、小物件、调味料等。餐具和杂货一半是现代艺术家的作品，一半是古董品。图片中印有英语字母的陶瓷方块220日元（约人民币11元）1个。

4 厨房开口处配置的柜台及自己制作的架子上，摆放着店主精选的餐具。虽是一个很小的空间，但得到了有效利用。

5 有一定历史的两个陈列柜是从眼镜店转让过来的。用于陶器、家居用具的展示及收银。

6 墙壁是在灰泥的墙坯中加入了黄土色颜料，做成了整个店的印象色——米色。

7 上下狭窄陡急的楼梯时，务必抓紧扶手。一层为水泥地，没有铺地板。

置。这是一幢复式建筑，之前就想把餐饮区域和杂货销售区域分开，所以这幢房子对于我来说是求之不得的珍品。到开业为止的改造工程持续了两个半月，委托空间开发（股份有限公司）进行施工。自己能做的地方尽量自己来，例如掀掉地毯、拆除房间一部分、铺地板等。

二楼的地板板材是从日本广岛县的脚手板专营店"WOOD PRO"寄来的，一张一张地用锯子锯成长短一致的木条。另外在凿开墙壁的时候，竟然发现了防雨门板和窗套[17]，这是建成50多年的公寓中镶嵌的窗框，另外墙壁使用灰泥墙坯而减少了费用。

[17] 日文为"雨户"和"户袋"，雨户指为了挡风雨、阻寒防盗用的木板，安装在檐廊、窗户等外侧；户袋指日式房屋中为收放木板套窗的箱子。

小菜的食材都是从认识的农民或农协会等买进,安全又新鲜。使用五味五色的应季蔬菜及干货,制作家常便饭。

启动资金：	约700万日元(约人民币35万元)
开业日期：	2010年6月5日
坪数·席位数：	7坪(上下两层)·14席(约46m^2)
日均客流量：	未公开
平均消费：	1300日元(约人民币65元)
所在地：	日本埼玉县埼玉市浦和区北浦和4-8-2
电话：	048(705)8698
营业时间：	周一18点~22点(L.O.21点30分),周二~周四11点30分~16点(L.O.15点),周五12点~16点(L.O.15点),周六12点~15点(一月营业两次左右)
休息日：	周日

8 "本周饭菜"1100日元（约人民币55元）。图片所示的是"车轮烤麸炸猪排"。有酱油腌制的蘑菇上点缀晒干的白萝卜、苤蓝和海藻的芝麻凉拌菜等，内容丰富。另配有杂粮黑米饭，在均衡营养方面也很出色。

9 自制的调味料，可销售。将花椒、盐炒虾等装进玻璃瓶中，在外观上也花了一番心思。

10 "朗姆酒葡萄干芝士蛋糕"与"咖啡"。午餐时另加500日元（约人民币25元）可得。蛋糕中加入了自制的朗姆酒葡萄干，比较适合大人食用，从开业以来一直很有人气。添加了酸奶油，口味清淡不油腻。

第五章 毫不犹豫地留在这个城市

カフェと道具のお店 # kuta-kuta

咖啡与家居用具的店　库塔库塔

装满了夫妻俩梦想的小店

> 最开始的时候好不容易才能卖完，现在一眨眼的功夫就卖完了。

松坂夫妇

FROM 日本埼玉县鸿巢市（直昭）
NOW 日本埼玉县鸿巢市

cafe opening story
cafe opening story
cafe opening story
cafe opening story

1 对直昭老家长时间未使用的杂物间进行了改造装修。像刷墙、刷天花板这些工作，基本上都是两人亲自完成的。
2 咖啡区域准备了三张桌子。富有温情的木质桌椅是从朋友家或是工厂那转让来的，经过直昭亲手改造而成。

Profile（人物简介） 右边是妻子。之前在只周末营业的移动咖啡馆掌握了技能，后来就如愿开创了实体咖啡馆。"没有继续扩张经营的计划，只希望两人能够长久地站在这个店里。"

在当地开设销售百吉圈、咖啡、家居用具的店

　　"库塔库塔"是把两人梦想具象化的地方。它的前身是只在周末营业的移动咖啡馆"SU-JI-"。我一直梦想着哪天能够有一个实体店铺；丈夫从小就喜欢手工制作，也一直考虑着哪天能够有一个可以展示自己作品的场所，这样的两个人成为了夫妻，开了这家咖啡馆兼旧家居用具的店，也就是说两个人的梦想都实现了。

　　在咖啡馆里销售的百吉圈占到了销售额的八成。在12点正式销售之前店里就排起了长队，为了不引起混乱，我们会给顾客发放等号牌，有时甚至会出现40分钟之内就把百吉圈卖完的情况。除此之外，小菜类和甜点类共有90种左右，每周会提供8~10个不同的种类。百吉圈稍厚的外皮酥脆爽口，里面的馅料填得结结实实。很多顾客都说"小孩子和老人特别喜

外带百吉圈作为主要支柱支撑店铺的

3 到下午3点就已经变得空空荡荡的百吉圈橱柜。在刚开业时销售比较困难，但后来通过在日本鸿巢市各类杂志上宣传以及良好的口碑，逐渐被大家认可，现在不光是当地居民，甚至有不远万里特意过来购买的顾客。每人平均买6~10个。

4 在店外也设置了桌椅。有比较宽敞的庭院，消除了带孩子的顾客的顾虑。

5 "kuta-kuta"的前身，使用大众牌巴士的移动咖啡馆"SU-JI-"。为了实现开咖啡馆的梦想，妻子倾其全部财产买了这辆车。

欢吃"，回头客络绎不绝。

在开业之前，我们俩转着看了很多家咖啡馆，觉得单纯卖咖啡很难持续。在料理和空间以外，必须要有成为"店铺门脸"的东西。犹豫了很久到底是卖英式脆皮松饼还是卖百吉圈，后来参考了周围人的意见，最终还是选择了百吉圈。光是研究面包制作方法就花了1年多的时间。为了让顾客吃不腻，以后还要继续增加种类。

我们夫妻两个人都喜欢古旧的东西，大到家电小到文具、玩具，丈夫都一一进行改造。旧的家居用具既是重要的"作品"，又是不错的室内陈设。打造出来的咖啡空间到处摆放着旧家居用具。顾客们可以在店内食用百吉圈，也能够品尝到其他甜点。

两个人在一起就有双倍的喜悦和幸福

刚开业的时候也提供饭菜，但从第二个月开始菜单就压缩到了只有贝果面包、英式松饼及饮品。因为从早上4点就要开始烤百吉圈，如果一面提供饭菜，一面为第二天做进货准备，这样在时间上和体力上都很辛苦。店里员工只有我们夫妻两人，因此店的主题定在什么方向，精力应该如何分配是关键点。

丈夫对我说"奔着百吉圈来的客人喜欢上咱们家的旧家居用具，或是反过来，奔着用具来的顾客喜欢上百吉圈，可能性有很多。因为有百吉圈这个主要支柱，我觉得咖啡馆的周转率和小工具的销售不会不涨。"另外，我们的工作从不忙乱，也对店里安闲宽松的氛围起到了一定作用。

6、7 旧家居用具从家电到文具、玩具一应俱全。以室内装饰的感觉摆放在店里的各个角落。
8 店里摆放的旧家居用具。从古玩市场或熟悉的旧家居用具店购得，经过手工加工后进行销售。

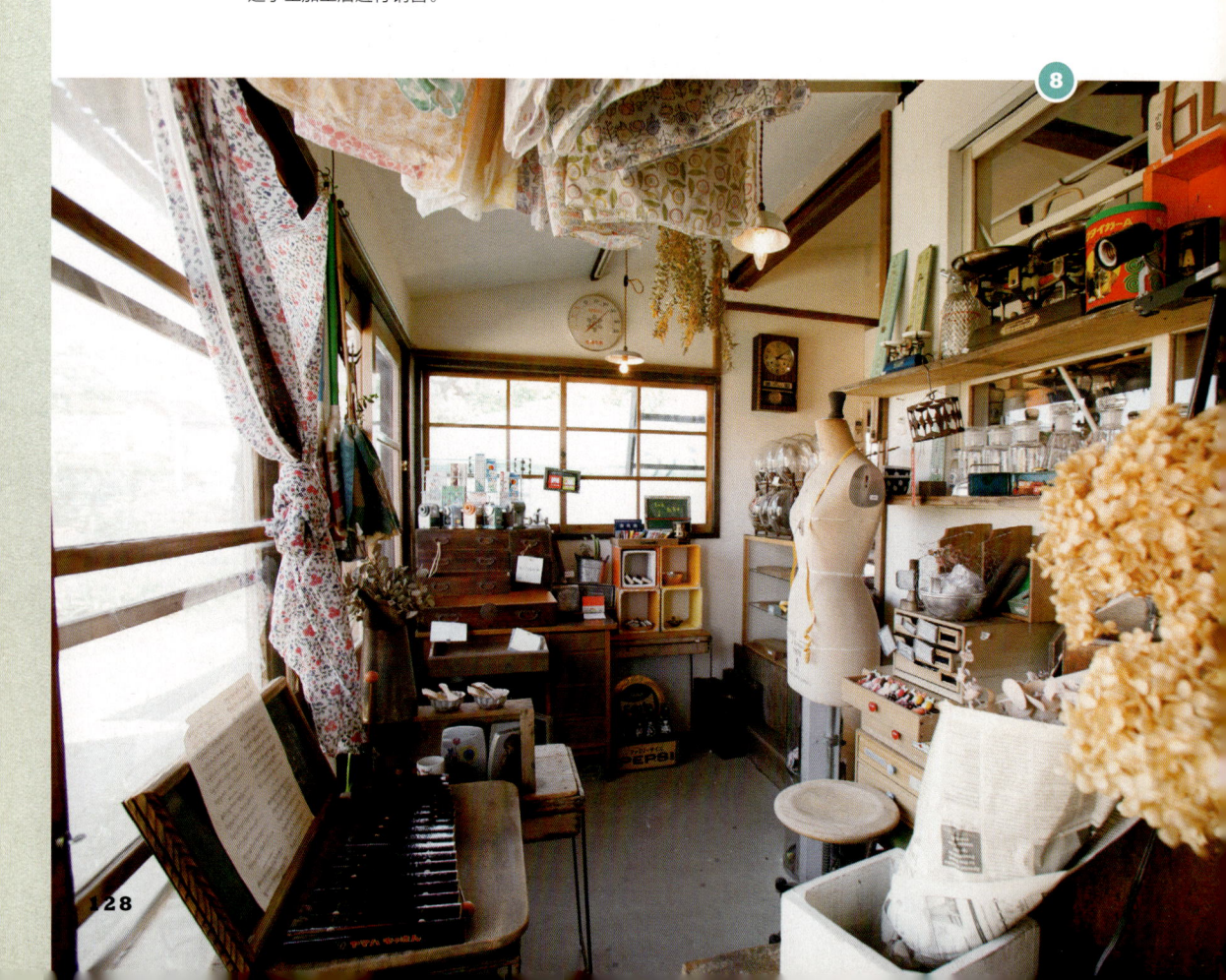

过去我一个人经营一家移动咖啡馆，现在拥有了优秀的伙伴，工作中的喜悦和感动倍增。有时我在店里做百吉圈准备，接待客人的丈夫就跟客人畅聊旧家居用具的话题。像这种平日里无意中的小场景，都让我感到很幸福。我认为咖啡馆的主人如果能够享受在店里的时光，一定会把这种快乐的心情传达给客人。在自己身心能够承受的范围内，保持平常心，愉快地把这家咖啡馆经营下去。

第五章 毫不犹豫地留在这个城市 23

9 用日本笠间烧的盘子盛的"百吉圈蜂蜜烤吐司套餐"1080日元（约人民币54元）。原味百吉圈切开，抹上黄油、蜂蜜、冰激凌和鲜奶油。

10 大量使用当季水果的"蘑菇王国英式松饼套餐"880日元（约人民币44元）。在面坯中加入巴旦木粉，烤制成像果子挞一样松脆的口感。

11 "小孩子来了就不想走"，这是一家充满童趣的店。除了图画书、玩具，还有绘画用的蜡笔等。

启动资金：	约600万日元（约人民币30万元）
开业日期：	2012年5月31日
坪数·席位数：	13坪·8席（约43平方米）
日均客流量：	30人
平均消费：	咖啡1000日元（约人民币50元），百吉圈1500日元（约人民币55元）
所在地：	日本埼玉县鸿巢市大间2-7-17
电话：	080（5466）9935
营业时间：	12点~17点
休息日：	周日、周一、周二（不定时休息）

与百吉圈一起的配菜中,"炖牛肉"和"芝士维也纳西式泡菜"等很有人气。面粉的比例与低温发酵、烧烤火候是决定百吉圈口味的关键。

12 "抹茶红豆馅冰激凌百吉圈"300日元（约人民币15元）。
13 "意式浓缩坚果巧克力百吉圈"250日元（约人民币13元）。
14 "全麦粉原味百吉圈"200日元（约人民币10元）。

cafe shiroiro

白色咖啡

保证咖啡馆运营的同时最大限度地追求舒适性

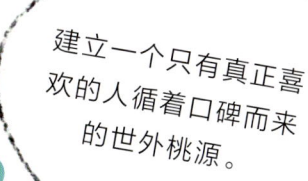

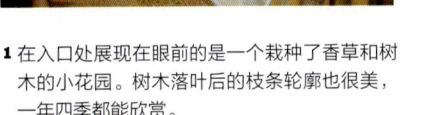

> 建立一个只有真正喜欢的人循着口碑而来的世外桃源。

FROM 日本三重县
NOW 日本三重县多气郡

cafe opening story
cafe opening story
cafe opening story
cafe opening story

桥本崇

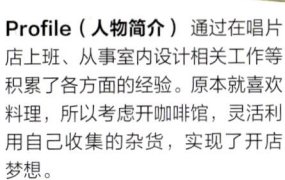

Profile（人物简介） 通过在唱片店上班、从事室内设计相关工作等积累了各方面的经验。原本就喜欢料理，所以考虑开咖啡馆，灵活利用自己收集的杂货，实现了开店梦想。

1 在入口处展现在眼前的是一个栽种了香草和树木的小花园。树木落叶后的枝条轮廓也很美，一年四季都能欣赏。

2 展示销售陶艺家小谷田润、安藤雅信的作品，这些作品在咖啡馆用餐时也会使用到。优质的器皿是为料理和空间增加附加价值不可或缺的存在。

为单独一人也能妥善经营而选择隐蔽的地方

我一直就很喜欢做面包和料理；在开咖啡馆之前从事过室内设计方面的工作，对室内设计和空间建造方面有浓厚的兴趣；之前在唱片店工作时学到的知识对现在选择背景音乐起到了一定作用。把自己的喜好综合起来考虑，极其自然地就有了"开咖啡馆"这样一个计划。

决定要开店之后，首要任务是选址。为了能一个人照顾到店里的方方面面，选在了一个从通行道路上看不见的隐蔽处。宣传一概不做，也让当地的信息杂志等尽量不要报道。如果来的客人太多，就会让他们等餐，也不能充分提供相应的服务，也就是说会给顾客造成烦

第五章 毫不犹豫地留在这个城市 24

131

启动资金：	约1000万日元（约人民币50万元）
开业日期：	2010年12月13日
坪数·席位数：	12坪·15席（约40m²）
日均客流量：	30人
平均消费：	760日元（约人民币48元）
所在地：	日本三重县多气郡明和町养川209-1
电话：	0596（55）2928
营业时间：	11点~18点（L.O.17点30分）
休息日：	周四、周五

3 店主很在意客人坐上椅子后的视线，精心处理了透过玻璃窗看到的厨房的样子。架子上摆放着芬兰艺术家昂蒂·诺米斯耐米做的壶，以及给客人提供饮品时使用的陶艺家制作的容器。
4 心情舒畅的时候背景音乐是个不可或缺的元素，午餐时段选择适合愉快聊天的曲子，下午茶时段选择适合安静读书的曲子。
5 一个人能毫无阻碍地来回走动，稍一伸手就能够到自己想要的东西，紧凑且实用的厨房。
6 灯罩用的是以德国、法国为主的欧洲的古旧物。店主认为"吊灯的美在于从天花板到灯罩之间电线的长度及结合部分"，这些细微之处也很讲究。

扰。如果只有欣赏这个店的魅力、喜欢这家店的顾客来，咖啡馆与顾客双方就会有共同的价值观，这也是我的一个目的。

  在我们店里待一两个小时的顾客居多，因此我把重点放在了创造舒适环境上。在小小的店里通过高挑空和玻璃窗的开放式厨房去除闭塞感，为了配合乡下的气息，使用的都是有一定年岁的古旧家具。另外，为了有整体统一的感觉，像照明的开关、门、玻璃窗等一些细微的部分都是寻找符合品味的东西。为了不让家具和小物品摆得过于整齐，稍加移动避免空间死板拘谨。背景音乐会随着时间段的不同而改换，例如午饭时间会播放能够让顾客愉快聊天的曲子。

第五章 毫不犹豫地留在这个城市

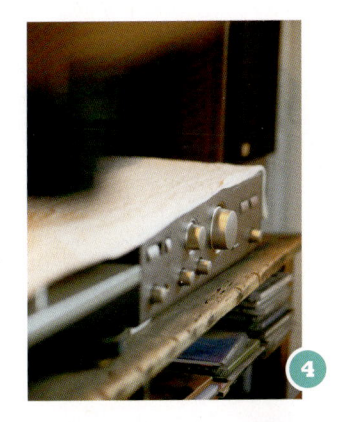

　　在午餐套餐中附赠甜点和咖啡，一是提高女性消费者的满意度，另一个也是为了让顾客能够慢慢享受。当然，如果我自己不开心，咖啡馆就无法持续经营。一天当中大部分时间都在厨房，因此在设计厨房时，功能性方面自不必说，为了能够在自己喜欢的氛围里工作，厨房里的东西全是精心挑选过的。

　　我认为，比起追求眼前利益，更重要的是照顾好老顾客，一边保持着自己的步伐，一边加固咖啡馆的基础。现在还是为每天的安排而筹措、忙碌，等稍有空闲的时候就会招募员工，增加午餐菜式，还想挑战一下策划活动等新事物。

催生出不同的味觉体验

不同的背景音乐

7 咖啡和甜点除在午餐套餐中提供之外，也单独出售。咖啡420日元（约人民币21元），自制甜点（简易蛋糕）320日元（约人民币16元）。由于也在午餐中提供，因此周转率很高，就能时常提供新鲜咖啡豆和甜点，这是一大优点。

8 炖牛肉是考虑到"能提前一天进货，且是一般家庭不会经常花时间做的料理"所以才选入菜单的。精心挑选肉质肥美的日本产牛肉。面包是使用天然酵母自己制作的。

134

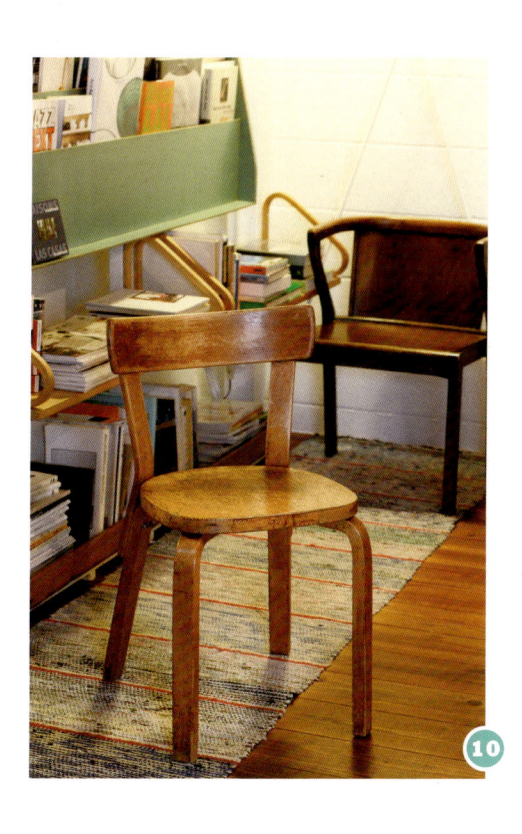

第五章 毫不犹豫地留在这个城市 24

9 为了避免房子太显眼而在周围围上了高栅栏，同时也避免了从店里看到外面汽车的嘈杂景象。
10 家具是因为兴趣而收集的，大部分是芬兰"Altech"的旧物。另外，为了在设计、配置及收纳方面不过分整齐，而故意做出疏离感。
11 为了既能看到厨房，又不让烹饪的气味和声音散出来，厨房和柜台席位中间加了隔断。
12 小小的招牌不经意就很容易错过。

喫茶去ゆり

喝茶去

围绕着咖啡馆
努力追求理想的菜单和氛围

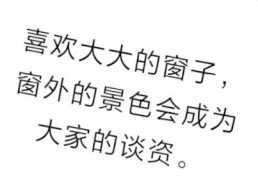

> 喜欢大大的窗子，窗外的景色会成为大家的谈资。

FROM 日本大阪府高槻市
NOW 日本大阪府高槻市

cafe opening story
cafe opening story
cafe opening story
cafe opening story

山下百合子

Profile（人物简介） 山下百合子 从事议员秘书工作11年后，走上了从未挑战过的个体营业。2012年1月，在自己家隔壁开了咖啡馆。

1 蓝色的大门让人眼前一亮。在徒步两分钟的地方租借了一个供两辆车停放的地方，由于位置比较靠里，因此沿途放了很多指路牌。

2 灰泥的墙面和木质的桌椅，使得内部装修古朴自然。从大大的窗子可以看到庭院，有长得很高的榉树和八朔柑，这也成为了催生对话的契机。

从下定决心到实现开店梦想历经3年

　　我之前是做议员秘书工作，工作告一段落的时候，就决心要转向之前从未挑战过的个体经营。最开始并没有固定的目标，只是想要从事个体经营的愿望特别强烈。想起自己特别喜欢与人交流，就决定从事餐饮业。虽然很喜欢酒，但家里孩子还比较小，于是就决定了开晚上不营业的咖啡馆。

　　紧接着开始找房子，并去专门的咖啡学校学习。学校一共半年的课程，一周上两节课的节奏。这期间，我开始在整个关西地区的咖啡馆转。肚子都喝得咣当咣当响，还是一家接一家地喝，一天五六家的频率。虽然辛苦，但怎么说也是努力过了。如果有比较在意的事情就会询问店主，有时候甚至会向对方挑明自己要开咖啡馆的计划。在这个过程中渐渐明确了方

启动资金：	约2000万日元（约人民币100万元）
开业日期：	2012年1月18日
坪数·席位数：	10坪·17席（约33m²）
日均客流量：	12人
平均消费：	午餐1000~1300日元（人民币50~65元），咖啡600日元（约人民币30元）
所在地：	日本大阪府高槻市冰室町2-51-2
电话：	072（694）0338
营业时间：	10点~18点
休息日：	周一、周三

向，决定店里以茶为中心，引入日餐和日式点心的形式。

从2009年开始四处找房子，我一直想要一个能感受到大自然的位置，在日本滋贺县找过一段时间。但晚上不营业还要支付晚上的租金，对我来说资金上压力太大就放弃了。翻来覆去再三考虑之后，决定在自己居所的隔壁院子里开咖啡馆，于是定下了现在这个地方，并用1年的时间建好。我们店从JR（日本铁路）的摄津富田站步行过来大约25分钟，在离主干道稍远的一个住宅街上。我最初把事情看得太乐观，而在实际设计上及跟工匠们的交流交涉中，要比想象的辛苦千万倍。

3 午餐中附带的用阿拉伯壶沏的原味"和风红茶的羞涩"与点心。茶是日本静冈县"人、农、自然联系会"的杵塚家产的无农药茶。

4 重视营养均衡的"蔬菜多多健康午餐"1000日元（约人民币50元）。午餐菜单会一周一换。每天准备20份，售完即止。半份的"儿童午餐"600日元（约人民币30元）。

5 加入了大量巧克力酱和天然枫糖浆（枫树糖浆）制作而成的"水果可丽饼"350日元（约人民币13元），是一款很有人气的甜点。另加200日元（约人民币10元）可在可丽饼上加冰激凌。

第五章 毫不犹豫地留在这个城市 25

6 二层作为"喝茶去的二楼",一个空间以1小时900日元(约人民币45元)的价格对外租借。在午餐预定人数较多的日子,这个空间对外开放。

7 转其他咖啡馆的时候遇到了一见钟情的彩色铁壶。这是用日本岩手县传统工艺打造的,保温性能优良。根据容量大小,以2人份1100日元(约人民币55元),3人份1500日元(约人民币75元),4人份1800日元(约人民币90元)的价格出售。

    装修的时候,为了从入口处就能清楚地看到庭院,必须要有一个宽大的窗户。另外,墙面使用的是灰泥,地板、桌子及楼梯等处,大量使用了木料。

    菜单的设计是希望顾客一周来一次。每周一换的午餐菜单及烹饪方法,都是由作为营养师的姐姐提供帮助,在盘子里会盛上大量当季蔬菜。大米原产自水质很干净的日本大阪府茨木市泉,味噌也是使用古法制作出来的日本北海道音威子府(地名)味噌,咸度较低。筷子使用的是日本奈良、吉野的间伐木材做成的,也是出于保护自然环境方面的考虑。

    甜点有日式和西式共计二十几种,像"黏糊糊御手洗团子"500日元(约人民币25元)这样的,价格让顾客毫无负担。每周一换的午餐都是1000日元(约人民币50

为了招揽回头客，尽量设定比较低的价格

8 以柑橘类香味为特色的"淡色艾尔（pale ale）"600日元（约人民币30元），以及像香槟酒一样的果啤"卡百内"700日元（约人民币35元），同时还有日本北摄地区的"箕面啤酒"等，啤酒种类很丰富。

9 从日本北海道寄来的"音威子府羊羹"，可外带。一条500日元（约人民币25元）。有小仓红豆馅、南瓜、蓝靛果忍冬等共5种口味。

10 为了能够站在厨房里也可以看到店内各个地方，在店内配置上下了一番功夫。午饭时段结束之前都需要婶婶在厨房里帮忙，山下只负责招待顾客。除此之外其他时间都是山下一人操持。

元），我和婶婶再三研究能让顾客接受的价格。材料注重安全性和原产地，因此利润空间很小，但我还是努力让顾客常来。消费人群的九成以上是女性，骑自行车过来的当地顾客居多。来用午餐的主要是年轻妈妈，有时会出现预约满员的情况。

不管是开店之前还是现在，真的是受到了周围人的照顾。从今往后，我想通过这家咖啡馆，为当地做出一定的贡献。

第五章 毫不犹豫地留在这个城市

139

Bar No.11

11号酒吧

以建造能够重新认识和歌山魅力的场所为使命 开创咖啡馆

> 我的目标是"创造一个将感动我的事物传达给顾客的地方",以不加任何修饰的形式,唤起共鸣。

FROM 日本和歌山县有田市
NOW 日本和歌山县和歌山市

cafe opening story
cafe opening story
cafe opening story
cafe opening story

源次郎

Profile(人物简介) 20多岁的时候当过摩托车越野赛选手,30多岁时开创了器皿店"源次郎",以及综合茶馆、画廊、杂货于一体的"小野町百货"。其后又开设了"擦出幸运咖啡"、"Bar No.11"。在当地作为回收利用咖啡馆的策划者广为人知。最新开的一家店是位于日本岩出市的"casa de chal1472"。

1 三层办公楼的第一层。玻璃门是废弃的学生宿舍玄关门,修理改造后的再利用。
2 对原是啤酒公司仓库的地方进行了改造。穿过细长的通道,展现在眼前的是一个非常宽敞的空间。

从我的力所能及开始建造咖啡馆

之所以叫这个名字,是因为位置就在和歌山市的第十一番丁,西班牙语的No.11。城市名没有用"町"而是用的"丁",是对过去城下町[18]的怀念。我从出生到长大一直是在和歌山市的,这里的魅力就在于富饶的自然环境。但近年来年轻人不断减少,我感到整个城市缺乏活力。在大街上仔细观察,会发现空房子越来越多。想着制造一个能够把人聚集起来的场所,就有了在和歌山市建一家能够引起新的热潮的咖啡馆的想法,于是就有了这家咖啡馆。

平时没事的时候就去当地的拆迁工地转悠,把能用的废弃物都搬回自己店里。例如店里

---

[18] 城下町:日本以封建领主的城堡为中心,周围发展起来的城镇。日本现代的主要城市大都是由城下町发展而来。

3. 添加了鲜奶油和浆果酱的自制"烤芝士蛋糕"500日元（约人民币25元），以及使用"咖啡ROSSO"（日本岛根县安来市）的咖啡豆冲泡的"意式浓缩咖啡"白天200日元（约人民币10元），晚上400日元（约人民币20元）。
4. 酒吧菜单也很丰富。"下酒小菜拼盘"1000日元（约人民币50元），"本店推荐意大利面"900日元（约人民币45元），以及用大水罐提供的巴萨罗那进口的自制"果汁红葡萄酒"800日元（约人民币40元）。
5. "自制肉糜咖喱"午餐时段（到18点之前）带沙拉和饮品650日元（约人民币33元），18点以后单品800日元（约人民币40元）。

最有存在感的长柜台，这也是用捡来的废料精心打磨手工制作出来的。说起充满活力的城市，那便是纽约。当时就想制造一间像纽约满满都是人的咖啡馆一样的所在，于是先放了一个长长的柜台。

因为有了这个柜台，顾客与员工之间的交流变得容易起来，对于老顾客来说柜台也是一个休息的场所。而且你看，里面的桌子也很独特吧！桌子、沙发甚至书架，这些本来被扔掉的东西我又拿来再次利用了。

我不是餐饮业的专家，菜单菜式都是我一手摸索出来的。意式浓缩的咖啡豆是品尝了十几家公司的产品后，才选择了日本岛根县的咖啡 ROSSO的咖啡豆。选择这家咖啡豆的原因是香气不太重，比较易入口，与砂糖能够很好地协调，像甜点一样美味。提供的食物有小吃、烧烤、意面、米饭以及自制点心等，还有不管白天还是夜晚都能心满意足地品尝到的酒类。我还找到了好员工，一直在身边帮助我。还有一对因为我们店的关系而走上结婚殿堂的夫妇呢！只要咖啡馆这么一个空间，人们就会聚集起来、联系起来。创造这样的空间真的值得庆幸，我也从中获得了喜悦。

　　就算是很多人都不关心、不理睬的乡下，我想只要增加有魅力的场所，50年后、100年后都会变成为自己居住的城镇而自豪的地方。我会继续把埋藏在和歌山的好东西挖掘出来，建立一个让它们流通起来的场所。

摸索着开始，建立一家人与人密切关联的店

启动资金：	约400万日元（约人民币20万元）
开业日期：	2011年7月
坪数·席位数：	60坪·50席（约200m²）
日均客流量：	60人
平均消费：	白天650日元（约人民币33元），晚上1500日元（约人民币75元）
所在地：	日本和歌山县和歌山市十一番丁16
电话：	073（425）1222
营业时间：	周二、周三、周四11点30分~次日凌晨1点，周五11点30分~次日凌晨2点，周六18点~次日凌晨2点，周日18点~次日凌晨1点
休息日：	周一（若法定节假日前一天为周一则正常营业）

第五章　毫不犹豫地留在这个城市　26

6 从店门口一直延伸到深处的长柜台。不论任何时间老顾客一波接一波络绎不绝，在这里畅所欲言。

7 员工老家拆迁时废弃的柱子重新利用做成的书架。仔细观察会发现涂鸦的痕迹。

8 以图腾柱为意象在每一根柱子上都打上了聚光灯。聚光灯是从一家决定停业的店里得到的。

9 这张桌子原本是电力公司用来绕电缆线的中轴，沙发是从某个小酒馆转让的。

143

第六章

咖啡生意在乡下做更有趣

在此我向大家介绍三家超越个体经营的框架,
"把咖啡做成商务"的咖啡馆。
不过分扩张领域,与地域紧密相接,
才会被地域眷顾,形成有贡献的商务模式。

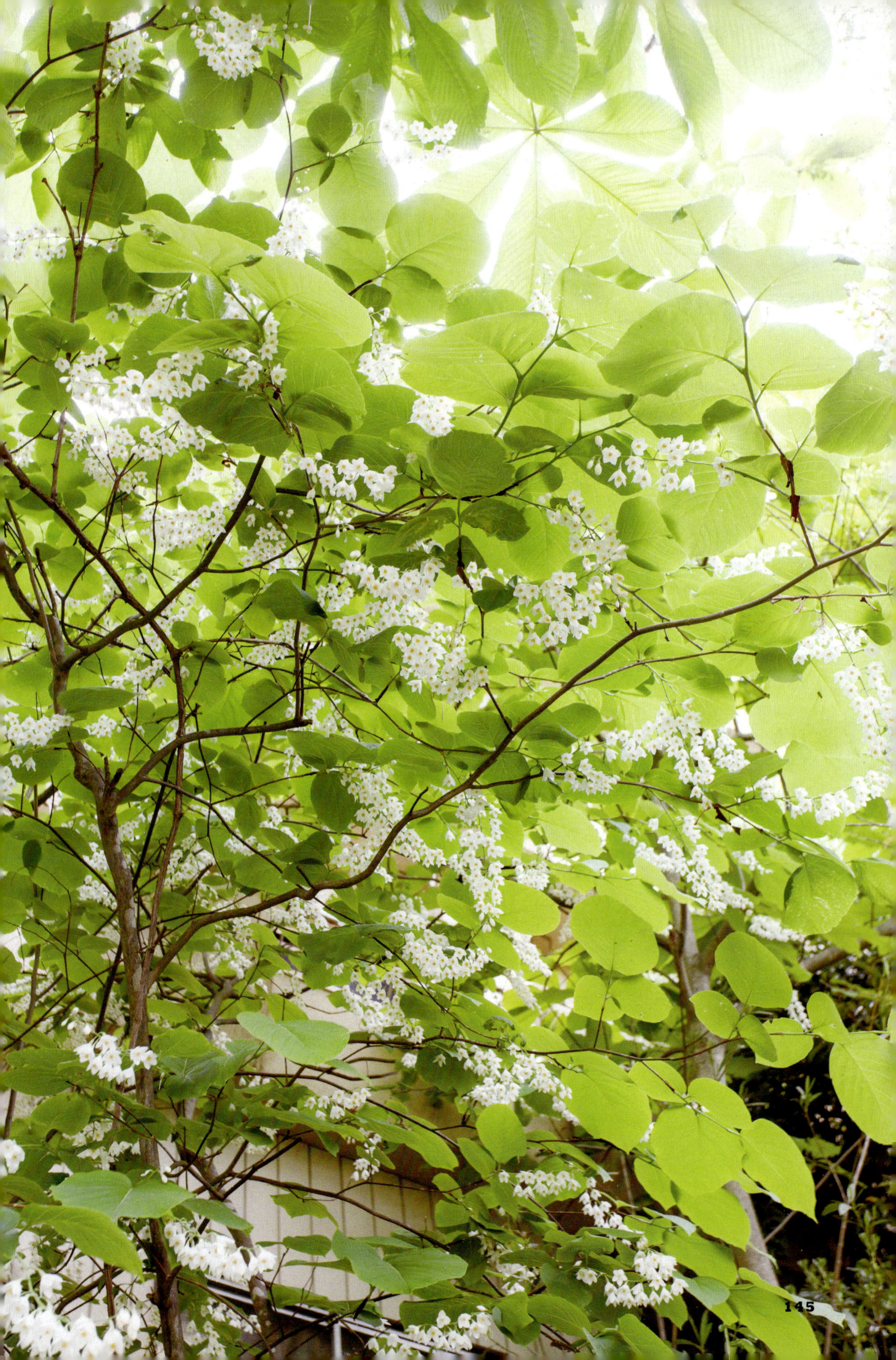

> 咖啡生意在乡下做更有趣

椅子选用的是北欧风格的"坐面很宽，能够完全放松"的设计。大通地区的店铺主要消费人群为30岁以上的女性。

Voice（声音来源）
德光康宏

01
德光珈琲
德光咖啡
日本北海道石狩市/札幌市

在日本札幌市中心面向札幌主干道的大楼二楼开创的大通店铺。店面设计简约时尚。

开店的同时举办咖啡课程

2005年在日本札幌市旁边的石狩市，自己烘焙的"德光咖啡"开始营业。2009年在札幌的冈山地区，2010年收到了在大通地区开店的邀请，这远远超出自己预想的速度，现在已经有了三家店铺。

总店不是临街店铺，而是在住宅区里，我认为首先要提供有压倒性超高品质的咖啡，然后就是宣传力度。因此开店的同时我们也创办了咖啡教室。

现在以日本札幌市的餐厅为中心，约有90多家店从我们家批发咖啡豆。越是服务意识高的餐饮店，越是关心咖啡的品质，因为他们认为为顾客提供的饭菜要美味到最后一杯咖啡。光临过我们店的客人会跟其他店聊起我们店，或是咖啡教室的学生开创了自己的咖啡馆等，通过种种联系和口碑，我感觉交易的对象越来越多。

在日本石狩市开店4年后，又去往札幌市的冈山进行开店调查才决定开店，紧接着就有了在大通开店的邀请，这是之前完全没有预料到的。因为作为一个烘焙店，运营规模太大，就会对是否开店犹豫再三。但后来想这也是一种形式上的广告宣传，同时是对自己的一个挑战，就毅然决定了下来。我并不想单纯在当地发展，而是想建立从中心札幌市一直到郊区石狩市的客人都能来的咖啡馆。

大通店	所在地	日本北海道札幌市中央区大通西3丁目Odori Bisse 2F
	电话	011（281）1100
石狩店	所在地	日本北海道石狩市花川南2条3丁目185
	电话	0133（62）8030
冈山店	所在地	日本北海道札幌市中央区大通西25丁目1-2HEARTLAND冈山大楼1F
	电话	011（699）6278

不流于时代趋势，不断为顾客提供纯正的味道

对于美味的咖啡，不可缺少的是咖啡豆的新鲜度和品质。咖啡本是农作物，回溯历史会发现整个战后50年的时间，咖啡豆的成长环境和制作方法等信息从未公开，在生产国混杂在一起往外出口。精品咖啡（Specialty Coffee）制度也就是近15年才确立下来。而我们店是去原产地亲自确认，只采购和使用严格管理的农庄生产的精品咖啡。

咖啡豆在运输和仓储过程中，品质必定会受到影响。现在，像红酒一样使用能够恒温管理的冷藏集装箱的情况增多，我们正在关注这个。另外，配合高品质咖啡豆的特性，最大限度地提取其香气和美味，进行烘焙、萃取后呈现给顾客。有这么一句话："from seed to cup（从种子一直到杯子）"，把咖啡完美地送到最终消费者手里是咖啡师的责任。人们往往把目光集中在咖啡漂亮的拉花上，但在那之前必须要清楚地知道浓缩咖啡的好坏。我每次都会让员工了解烘焙的工序和烤好的咖啡豆，让他们知道做一杯好咖啡必须花费很多时间和精力。

关于配餐菜单，基础条件就是与咖啡相符，不提供使用油进行烹饪的食物。滴落式咖啡的混合咖啡和纯咖啡价格相同。思考着做出来的混合咖啡更有价值，根据各种咖啡豆不同的个性，做成不同口味的咖啡，这种操作跟烹饪一样。今后我会细心考虑周全，把咖啡的真正口味宣传下去。

使用奶油芝士和酸奶油做成的口味浓厚的"自制芝士蛋糕"330日元（约人民币17元）。"冰咖啡"550日元（约人民币28元），每杯单独手工滴滤后速冻而成。

在店内也销售烘焙好的咖啡豆。札幌Bisse三种混合咖啡的"试喝组合"1620日元（约人民币81元），以及咖啡豆的印章积分卡。每买200克盖一个章，集满6个章即可换取100克咖啡豆。

Voice（声音来源）
小野寺靖忠

02

咖啡生意在乡下做更有趣

ANCHOR COFFEE&BAR

锚咖啡&酒吧

日本宫城县气仙沼市/仙台市
日本岩手县一关市

"FULLSAIL COFFEE 岩手川崎店"是同公司运营的店铺当中，唯一一个在日本宫城县外的店铺。设立在加油站（昭和壳牌石油）旁边，除咖啡馆外还有汽车穿梭餐厅。

在咖啡的不毛之地 点燃咖啡文化之灯

我在美国的明尼苏达州的明尼阿波利斯度过的大学生活，那时经常去的是一家叫"Dunn Bros Coffee"的咖啡馆。去那不光是喝咖啡，还可以吃饭、学习、约会等，就像是生活的一部分，这家咖啡馆对我来说是无法割裂的一个存在。大学毕业后，在欧洲工作了几年才回的日本气仙沼市，这时发现了一个问题——这个地方没有咖啡馆！我一直看惯了美国人手不离咖啡的生活，当时突然对那种景象感到无比留恋。"就算等下去也没用，那就自己开一家吧！"——这成了我开咖啡馆的契机。

"热情、笑容、活力"是接待客人的基本礼仪。由于有很多一天内来店两三次的熟客，所以店员可以很自然地跟客人聊天。

2005年，"锚咖啡"在气仙沼郊外以小小的汽车穿梭餐厅的形式开始了。这附近是汽车公司集中的地域，对于当地人来说，汽车是一天中待的时间最长的地方，也可以说是私人空间。除了家庭、单位，第三个地方就是汽车里。这种情况下，我想用真正咖啡的香味而非芳香剂的气味来让他们的汽车变成"咖啡馆"。汽车穿梭餐厅的另外一个好处，就是可以和客人面对面地对话。而且对于没有餐饮业经验的我来说，也看准了容易撤店这一点。

选址在仙台市的拱廊商业街里的"FULLSAIL COFFEE（满帆咖啡）一番町店"。一层进行结账和销售商品，二层是有20个席位的店内就餐空间。

锚咖啡&酒吧 田中前店
所在地　日本宫城县气仙沼市田中前4-2-1
电话　0226（24）5955

满帆咖啡 岩手川崎店
所在地　日本岩手县一关市川崎町薄衣法道地42-9
电话　0191（43）3339

满帆咖啡 一番町店
所在地　日本宫城县仙台市青叶区一番町2-5-6
电话　022（399）8109

经历了震灾，作为当地人们休息的场所重新开业

现在，包括持有区域营销权在内的店，在宫城县内开了5家，岩手县一关市开了1家，总共运营6家店铺。现在基本上都在东日本大地震时毁坏了，但近港口的气仙沼市的店里，每天从早到晚，各种职业、各个年龄层的客人都会光顾。

在我们店会提供几种不同的原味混合咖啡，咖啡的名字是关键。首先是数年前就开始销售的"FISHER MAN'S BLEND"，意思是"渔夫们早上清醒的一杯"，是我看到气仙沼市的渔夫们在出航前的早上喝完咖啡，说着"我出发了！"这样的情景给起的名字。在大地震之后，与"HOBONICHI[19]"共同合作开发了三种混合咖啡。第一个是参照与大海共存的气仙沼市反映在里亚斯型海岸[20]的形状，因此而命名的"RIAS"；第二个是从职场上或学校里回到家后以放松的心情喝的"I'm home"；第三个是不用太勉强自己，每天进步一点点就可以的带有稍许鼓励意味的"UP"。比起努力从采摘农庄、品种开始对咖啡进行宣传，我选择的是给咖啡起一个能够讲述故事的名字。同时我们还在进行在线销售。

在大地震中，位于日本气仙沼市的两家店铺因为海啸全部毁坏，做烘焙用的工坊也被冲走，因此现在烘焙是委托给别店做。2011年12月，在气仙沼市和田中前开设了临时店铺，收到了很多鼓励的话语。在刚刚发生大地震的时候，我和基金公司共同设立的"受灾地区支援基金"受到很多人的赞成，值得高兴的是基金达到了目标金额。这些基金用在了购买烘焙及厨房机器和店铺内装修上，我想通过咖啡，为点亮气仙沼市的未来而继续努力。

与丰富的奶油一起饮用的"牛奶糖摩卡"中杯430日元（约人民币22元），"水果牛奶"中杯400日元（约人民币20元）。"水果牛奶"是使用的达芬奇风味果子露（图片为桃子）与牛奶混合而成的饮品，可选择其他水果口味。

"冰调味奶茶"400日元（约人民币20元），是加入了五种调味料和蜂蜜，用果子露制作出的人气饮品。使用从法国寄来的冷冻面团做成的"羊角面包"一个200日元（约人民币10元）。为了给顾客提供刚出炉的面包，每天分次烤制。

---

[19] HOBONICHI：日本于1998年6月6日创刊的网站，由丝井重里主办，在网络上每天分享快乐新闻。相关网站 http://www.1101.com/home.html。
[20] 里亚斯型海岸：锯齿形海岸，被溪谷切割开的土地因陆地沉降或海面上升所形成的曲折海岸线。

咖啡生意在乡下做更有趣

被各种树木环绕着，仿佛置身于森林中的2号店"画室"的凉台席位。店铺在地下辟出的庭院，是初次来这里的客人比较惊喜的一点。

Voice（声音来源）
善积建郎

03

café Mozart
咖啡莫扎特

日本宫城县仙台市

在"画室"店午餐时段提供的"意大利面套餐"带饮料900日元（约人民币45元）。意大利面每天有两种可选。图片为加入了厚片培根的"培根莫扎拉奶酪番茄酱意大利面"，其中辣椒的辣味是重点。

实现自己的夙愿，在美术馆开创了咖啡馆

从1976年在日本仙台市的一番町商业街开创"咖啡莫扎特"开始，我就一直以音乐和艺术为关键词进行店面建设。2005年开了"咖啡莫扎特画室"，2011年11月在日本宫城县县立美术馆内开了三号店"咖啡莫扎特费加罗"和四号店"咖啡莫扎特帕帕基诺"。这都是面向公众招募开店商家，我们从七八家公司中脱颖而出被选中的。当时甚至有"在美术馆里开店的愿望终于实现了"的感动。

提到以往的音乐咖啡馆，都有各种各样的限制条件，我是把经营形态和店铺搭配通过PPT演示说明的方式获得了评审的理解和认可。店内配置了包豪斯[21]形式的各色家具以及欧洲的古董家具、照明。以克利[22]和康定斯基[23]的世界观为意象与设计师交流，进行内部装修和制造店内氛围。

现在我的两个儿子也在店里，在美术馆招募店家时参加竞选，也是向我表示他们想接替我的事业。我让妻子负责菜式开发和培训员工，大儿子是"画室"的店长，二儿子负责"费加罗"的厨房和接待客人。

[21] 包豪斯（Bauhaus）：1919年在德国魏玛设立的国立综合造型学校。注重美术与工艺的统一，努力创造新的建筑与工艺设计。在建筑、工艺、绘画、标准设计等方面有深远影响。
[22] 克利：1879~1940年，瑞士画家。以抒情诗般绝美的手法表现朴素自由的想象世界，在20世纪幻想艺术上留下深远影响。
[23] 康定斯基：1866~1944年，俄国画家。抽象派绘画的先驱者之一。曾在德国包豪斯建筑和实用美术学院任教。

咖啡莫扎特	
所在地	日本宫城县仙台市青叶区一番町3-11-14 丸和大楼3F
电话	022（263）4689

咖啡莫扎特 画室	
所在地	日本宫城县仙台市青叶区米之袋1-1-13 B1F
电话	022（266）5333

咖啡莫扎特 费加罗/帕帕基诺	
所在地	日本宫城县仙台市青叶区川内元支仓34-1 宫城县美术馆内
电话	022（265）6353

1号店和2号店的菜单基本相同，"费加罗"里的蛋糕和正餐的种类更丰富一些。与其他店铺相比，我们的设备比较齐全，并能提供猪油火腿蛋糕、意式宽面条以及咖喱饭等。蛋糕的制作和正餐烹饪都是在各个分店里独自进行。

竞争的店铺增加，在优胜劣汰的时代进行大幅度改造装修

进入上世纪90年代，快餐店和其他咖啡馆数量的增加，导致1号店的销售额下降了两三成。当时确实有了危机感，就开始策划改造装修的事情。在店内大胆配置了不整齐的桌椅以求多元化，其中配备了3个大松木桌，这很受年轻人欢迎，其他店铺也承袭了这种风格。

我们还积极地帮助推行新的文化以及挖掘年轻人的才能，特别是2号店"画室"成为了据点。由于位处市郊，又不提供酒精饮品，有难以招揽客人的困难，为了提高销售额，于是把这家店做成举办讲习会和音乐活动的场所。1号店作为图片和绘画的画廊，在很久以前就把店里的墙壁租借给美术大学学生，为他们提供展示作品的空间。

我们在经历了东日本大地震之后，经营战略作了调整，超越餐饮店的框架，把店铺做成一个文化、艺术与信息的场所的想法更加强烈了。今后也要一边举办一些能够为当地做出贡献的活动，一边努力使咖啡馆变得更有意思。

未来的梦想是开一家像巴黎和罗马城市里一样的露天咖啡馆。日本仙台的青叶路沿线就很不错。从早上一直开到深夜12点，当做咖啡馆或者餐厅，配合顾客的需求，能够随机应变的店铺是最理想的。

1号店"咖啡莫扎特"。位于日本仙台一番町商业街某商业办公楼三楼。店内的照明幽静协调，使得店内飘散着安谧的氛围。通过放置钢琴和松木做的大桌子，制造出了独特的空间。

3、4号店分别为费加罗（图片所示）和帕帕基诺。室内设计主要采用红、蓝、黄等鲜亮的颜色。桌椅不统一这一点与1、2号店是相通的。

向开咖啡馆的前辈们讨教

我们对本书收录的咖啡馆老板提问了两个问题，你一定能够受到启发。

Q1 开店的契机是什么？

Q2 对今后要开店的人提些建议吧！

鹤咖啡
鹤岗绫子

A1 我们梦想中的店在札幌没找到。现在从札幌搬过来已经4年了。最开始基本上没有熟人，搬过来之后不久就遇上好心人，在异乡与这里的人们一起开店超出了我们的想象。

A2 我的建议是选址时要慎重。我觉得找房子的时间多花些为好。另外也要慎重选择能够把自己的想法具象化的店铺设计师。我们就遇上了特别好的设计师，所以店面做出来的效果超出了想象。还有，每个城市都有不同的扶持金和补助金，如果你在金钱方面不太宽裕，建议利用上这些条件。

A1 在我的出生地开店是想对当地的农业、渔业、福利机构等相关人员作出一定回报。另外，因为是在郊外，周围自然资源富饶、土地广阔，这也是一大原因。

A2 生意一个人是做不来的。跟供货商、当地的居民、家人、员工等进行交流是非常重要的。跟自己意愿相反的意见也要理解和接受，同时要时时获取外部信息。如果有非常自信的产品，要靠口碑来宣传，之后杂志社的采访就一定会来。我建议那时候不要两三家同时刊登。在店刚建好的时候，通过发传单等方法先让周围的居民来光顾，慢慢习惯经营。如果因为不习惯经营而出现错误，就会出现投诉，给人留下不好的印象。最后，要灵活运用社交平台，发表"九月初咖啡馆开张"等字样的帖子让大家认识（如果是已经决定好店名的店铺更容易搜索到），上传店铺建设的过程也不错。开张后，借助于主页、博客等社交平台发表菜单更新和活动通知等。

再让我说一句！

在店铺的持续经营中，最好有一个简单又永远不会让人腻烦的招牌商品。反过来说，就是没有招牌菜的店铺就很难持续。反复研究作为店铺支柱的商品，如果有不输给周围任何一家店的压倒性美味，由此产生的菜式花样就会无限大。研究出来的所有菜式用各种不同的编排方法来完成吧。

还有，就像常说的"工匠人不可能成为生意人"，一直窝在厨房里是不行的。虽说用商品来表现自己很重要，但经营者的工作就是招揽客人。没有客人，饭菜做得再好也没用。店铺是活的，让它充满活力也是你的工作之一。当有人说"咱们去谁谁谁的店吧"，那才是成功的。

最后，"身体是本钱""健康管理是你自己的责任""没有人可以取代你自己"，咱们一起努力吧！

A1 当时考虑的是利用三重县生产的木材开店，就把位置定在了离三重县人口最多的大都市名古屋很近的四日市市。

A2 首先要了解这个地方的优势。其次不要把没有如愿的事情归咎于场所。另外，与当地的经营者们交流，是一种很好的刺激。

布鲁克
坂 丈哉

本町一丁目咖啡
大田直美（右）

A1 因为丈夫工作调动而来到这个城市，又正好找到了适合开店的房子。另外，曾经的梦想就是"在乡下开一家咖啡馆。

A2 我觉得必须时时刻刻都要有想开店的愿望，而且要做好准备迎接随时可能来的机会。为了抓住机会，要事先去看、去品尝、去体验各种好的咖啡、饭菜和饮料。最后，如果能够很好地呈献出你认为很棒的东西，我觉得即使在陌生的地方也能开店。

C-基础-咖啡
久田直树

第七章 向开咖啡馆的前辈们讨教

153

A1 我是对现在的房子一见钟情，所以才开店的。因为我对地方没有特别要求，所以很快就决定下来了。这里绿树环绕、山清水秀，是个非常好的地方，我觉得在这个地方过乡村生活真是太棒了。

A2 乡下看起来宽敞，其实停车场的困扰一点都不少。所以，最好事先确认有没有可以停车的地方。另外，有可能配送食材的专门从业者没有或很少，所以必须要确保有时间出去采购。最后，要跟周围邻居好好相处。

咖啡安闲
林 优子

A1 之所以在这里开店一是因为我很喜欢我的老家，另外也很中意从这幢大楼和店里往外眺望到的景色。

A2 即使是出生成长的地方，也有很多自己不知道的美景。我觉得最好亲自去看一些观光景点或沿街建筑。另外，在开业前要去附近的店铺收集些信息，并与店员搞好关系，这样会更加自信。

朝咖啡
山本朝子

A1 我是因为市里的补助金制度很好。另外，当时还想尝试一下在另外的道路上自己能做到什么程度。

A2 首先要有能够决胜的商品（只有在这个地方才能品尝到的味道）。另外，自己能做的事情自己做。最后，不要设定太高的损益平衡点。

愉庵
三宅 修

咖啡言灵
加藤典子

A1 因为我和丈夫都特别喜欢明日香村和飞鸟时代。另外，对明日香村的地域建设有兴趣，想为增加村镇的活力而努力。

A2 要积极地与地域相连。我们是与观光协会和工商会有联系。另外，要有体现当地特色的菜式和理念。我觉得所用食材、店的外观、日常用具甚至招牌都要深入考虑如何体现当地特色。最后，一定要有销售的不是"自己"而是"店铺"的意识。店铺虽然是表现自己的场所，但最终的主角永远是顾客。

A1 我是因为喜欢淡路岛的食物。另外，比较喜欢这里的自然环境。

A2 自己一定要开心，还要跟当地的人们维持好关系。另外，对咖啡馆这样一个空间，一定要有自己独特的追求。

福咖啡
樫本善嗣

A1 我特别喜欢生我养我的村庄，因为很安谧。我想把日本的古老房子以好的形式留存下去。

A2 不同的地域有各自的特点。我觉得最好以慢节奏的生活发挥地域特点。另外，与当地人友好相处也很重要。

丝音
竹之内祐子

第七章 向开咖啡馆的前辈们讨教

A1 我出生长大的城镇人口越来越少，面对越来越没有活力的现状，我想着必须做点什么就开了咖啡馆。而且，在自然富饶的环境中开咖啡馆是很早以前就有的憧憬。

A2 在繁忙期和闲散期差别较大的地方开店，就必须做好全年细致的日程计划。举办活动和广告宣传都要有计划地进行。而且，招揽当地的顾客自不必说，为了能够招揽到市区的顾客，就必须要给顾客呈献出别的店品尝不到的味道及空间。最后，不论哪家店都是一样的，一定要持续努力，特别是在偏僻地区开店，就必须要有耐心和毅力。

咖啡暗处
岩月二郎

A1 这是一个能够眺望到美丽的山峦，人与人之间富有温情的地方，因此我选择了这里。用一句话来说就是心灵感到舒适的地方。

A2 如果能与当地人积极接触，我觉得遇到什么事都不用担心。如果有可能，最好能在这个地方试着住几个月。另外，应该好好考虑资金的问题。

蓝桉木
桥本良太

A1 我嫁到了这个地方。蔬菜、水果又新鲜又好吃，种类也丰富，还可以以很便宜的价格购入，真是帮了大忙。

A2 一定要发挥当地的优势，一定要珍惜与当地人的交情，一定要深爱这片土地！

猫手舍
高浪薰

A1 感觉跟这个地方有缘，我也是出生在这个城镇。

A2 重视跟这个地方的联系就可以了。

蜜蜜可可（Mimikoko）
山下美代

蔬菜咖啡巡
山口雅宏

A1 因为我们觉得这是一个在小小范围内浓缩了自然和历史的地方，在这里住的人也很有魅力。

A2 当地可以强调的个性追求一定要尽力宣传。为此，能够融入到当地沿街建筑或自然、历史的外观会比较有效果。另外，如果在地方经营，推荐自住和店铺一体。

A1 在探寻的过程中偶遇到现在这个仓库，感到很有缘分。在富饶的大自然中仰望到的星空刻骨铭心，当时就认为如果在这里居住兼经营店铺那将是最好的选择。

A2 要尊重当地的文化、风俗及规矩。要跟附近邻居积极招呼寒暄、主动交流，引起他们的注意。通过建立一个与社区紧密相连的店，加深与周围人们的联系，由此会产生各种各样的发展机会。通过这样的方法，店铺的魅力也会增加！

咖啡分拣机
菅野佐代子

帕帕蕾蕾
山西理惠

A1 这是我住习惯的地方，而且房子很好，于是就决定下来了。

A2 如果是个人开店，我觉得就要发挥个性，打造一个别处没有的店面。身体是本钱，在身体承受范围内努力。

第七章 向开咖啡馆的前辈们讨教

A1 我们是因为找到了心仪的房子，而且是在住宅区，离着超市、学校、邮政局等都很近，觉得生活很方便。

A2 我觉得跟客人的沟通交流非常重要。根据我们的理念，所定的价格都是能让顾客以非常轻松的心情前来就餐的价格。另外，自己一定要开心，因为快乐的心情会传达给顾客。

蜂蜜纽扣
滨田妙子

A1 由于是住习惯的地方，所以工作起来比较容易，而且熟人比较多，就选择了这个城市。

A2 如果熟悉当地的地理和情况，在各方面能够更加顺利、容易推进。另外，不要单枪匹马，要重视与同行和附近店铺之间的交流。

诺夫
今泉宣子

A1 因为这是我超级喜欢的、生我养我的城镇！

A2 住惯了的地方，从很早以前就与周围人联系比较多，在开店方面很有用处。如果是自家的房子，比起每月要付租金的房子在成本上能节省很多。另外还需要得到家人（配偶和父母）的理解和支持，这样更有自信。

库塔库塔
松坂直昭

A1 我一直想不改变家人和自己的环境，在长期居住的地方开一家与地域紧密联系的咖啡馆。看过很多城镇，就是找不到自己想要的地方，于是就下定决心在自己的庭院里开设了理想中的咖啡馆。

A2 为了不增加房租方面的烦恼，在自己的房子里经营店铺那是最好的。为了能够充分利用扶持金制度，要经常去政府部门，不要漏掉任何细微消息，尽可能地节省每一分钱！个人经营咖啡馆，赚取利润会出乎预料地难。所以要把咖啡以外的物品销售也纳入考虑范围内，要以能够细水长流的店为目标。

喝茶去
山下百合子

11号酒吧
源次郎

A1 空间、地点吸引了我，且我想把这份感动通过我这个咖啡馆传达出去。这也可能是对养育我的和歌山的一种报恩，我想创造一个对于和歌山人来说能够引以为豪的空间，这是我开店的缘由。

A2 不要被都市或其他地方单纯眼睛看到的或是表面的事物迷惑，一定要表现让自己真正从心底感动的东西。另外，一定要考虑长远，最开始就要计划能够长期存续下去的店。如果能够做到这一点，那么就开始行动吧！

A1 当地的商业街变得萧条落寞，能够喝到美味咖啡的地方基本上没有，这是促使我开店的原因。开店的房子原本是祖父母居住的，在我出生以前父母也住过。我想这样可以减少开店成本，同时能够用极好的咖啡豆把当地的人们以及札幌圈内的人们聚集过来。

A2 我有三点建议——对原材料品质的追求，恭敬接待客人，能够长久的店面建设。

德光咖啡
德光康宏

锚咖啡&酒吧
小野寺靖忠

A1 这是我出生成长的城镇，而且最重要的是这里的人很好。

A2 重要的是客人和你自己。不要把错误归咎于场地，要积极地往前看。把想法具象化，让它变得更好。咖啡中暗藏无限的可能性。

咖啡莫扎特
善积建郎

A1 广濑川流经市内，让城市里也充满自然气息的仙台我很喜欢。另外，文学、艺术、学术氛围浓厚，我能够与客人共享富有艺术气息的空间。地域与人之间的联系紧密，我能与客人一起漫步其间也是一大魅力。

A2 要了解开店的地方，开设发挥当地特征的店铺。要有当地产当地消费的意识，大量使用只有当地才有的食材为客人提供饭菜。以扎根于当地社区的店铺建设为目标，如果能够建成让当地人心情安适的店那最好不过了。

第七章 向开咖啡馆的前辈们讨教

159

图书在版编目（CIP）数据

藏不住的咖啡香：29个远离尘嚣的咖啡馆故事 / 日本旭屋出版《咖啡&餐厅》编辑部主编；陈静译. -- 北京：光明日报出版社, 2015.11

ISBN 978-7-5112-9324-4

Ⅰ. ①藏… Ⅱ. ①日… ②陈… Ⅲ. ①咖啡馆 – 商业经营 Ⅳ. ①F719.3

中国版本图书馆CIP数据核字(2015)第234445号

著作权合同登记号：图字01-2015-6676

RISOU NO CAFÉ　HAJIMEMASHITA
© ASAHIYA SHUPPAN CO.,LTD. 2014
Originally published in Japan in 2014 by ASAHIYA SHUPPAN CO.,LTD..
Chinese translation rights arranged through DAIKOUSHA INC.,KAWAGOE.

藏不住的咖啡香：29个远离尘嚣的咖啡馆故事

主　　　编：	（日）旭屋出版《咖啡&餐厅》编缉部	译　者：	陈　静
责任编辑：	李　娟	策　划：	多采文化
责任校对：	于晓艳	装帧设计：	水长流文化
责任印制：	曹　净		

出　版　方：光明日报出版社
地　　　址：北京市东城区珠市口东大街5号，100062
电　　　话：010-67022197（咨询）　　传　真：010-67078227，67078255
网　　　址：http://book.gmw.cn
E - m a i l：gmcbs@gmw.cn　lijuan@gmw.cn
法律顾问：北京德恒律师事务所龚柳方律师

发　行　方：新经典发行有限公司
电　　　话：010-62026811　　E - mail：duocaiwenhua2014@163.com

印　　　刷：北京艺堂印刷有限公司
本书如有破损、缺页、装订错误，请与本社联系调换

开　　　本：750×1080　1/16
字　　　数：160千字　　　　　　　　　印　张：10
版　　　次：2015年12月第1版　　　　印　次：2015年12月第1次印刷
书　　　号：ISBN 978-7-5112-9324-4

定　　　价：59.80元

版权所有　翻印必究